Katy Buchholz

EASY EINMACHEN

Katy Buchholz

EASY EINMACHEN

Hausgemachte Köstlichkeiten aus der Speisekammer

riva

INHALT

Ketchup

VORWORT

Angefangen hatte alles vor gut zehn Jahren. Im Wartezimmer meines Hausarztes entdeckte ich in einer Frauenzeitschrift einen Artikel. Mit wenigen Sätzen wurde beschrieben, was alles mit und aus Kräutern gezaubert werden kann. Ich war begeistert. Noch am selben Tage kaufte ich mir mein erstes Kräuterbuch. Nachdem ich mich etwas in die Kunst der Hexenküche eingelesen hatte, folgte die Praxis. Ich durchstöberte die Küchenschränke nach vorhandenen Zutaten, mischte alles laut Rezeptanweisung zusammen und freute mich über das Ergebnis.

Mit jedem neuen Buch wuchs der Bestand an herkömmlichen und unbekannten Kräutern in unserem Garten. Schließlich fing ich an, verschiedene Köstlichkeiten nach eigenen Rezepten herzustellen. Ganz zur Freude von Familie, Freunden und Bekannten. Statt der obligatorischen Blumen, die ich bisher zu einer Einladung mitbrachte, bekamen sie jetzt meine neuste Kreation überreicht.

Ich beschränkte mich nicht mehr nur auf Kräuter. Mit den ersten Einmachrezepten, im Hinterkopf, fing ich an, Obst und Gemüse anzubauen.

Natürlich blieb mein Hobby auch in der Nachbarschaft nicht lange verborgen. An einem schönen Sommertag, ich war gerade dabei ein paar Kräuter zu ernten, bemerkte ich, wie sich das Nachbarkind am Zaun herumdrückte. Nach einer Weile begann es, mich auszufragen. »Du sollst doch nicht immer die Leute belästigen.« mahnte die Mutter, die unserem Gespräch beim Fensterputzen lauschte. »Das ist in Ordnung. Sie ist nur neugierig.« beruhigte ich sie und freute mich über das kindliche Interesse. Anschließend erklärte ich dem Mädchen altersgerecht, was ich tat.

Während die Kleine mir aufmerksam zuhörte, sah ich an ihrem Gesichtsausdruck, dass sie über irgendetwas nachdachte. Plötzlich platzte es aus ihr heraus: »Mama, ist Katy eine Kräuterhexe?« Binnen Sekunden wechselte die Gesichtsfarbe der Mutter: Erst wurde sie blass und dann puterrot.

Erwachsenen ist oft die Spontanität ihrer Sprösslinge peinlich – so wie in diesem Fall. Ich ärgerte mich aber nicht über die Worte der Kleinen. Im Gegenteil. Als Kräuterhexe betitelt zu werden kommt einer Krönung gleich – allerdings nur in der heutigen Zeit. Im Mittelalter wäre es früher oder später mein Todesurteil gewesen.

Als ich ihr mit einem Kopfnicken zu verstehen gab, dass mich diese Frage nicht verärgert hatte, sagte sie: »Ja. Katy ist eine Kräuterhexe.« Je mehr ich mich mit dem Thema des Haltbarmachens von Lebensmitteln beschäftigte, desto größer wurde der Wunsch, auch anderen meine Kreationen vorzustellen. Und eines Tages hatte ich eine Eingebung: Ich ordnete meine Lieblingsrezepte und schrieb sie auf. So entstand dieses Buch, das Sie nun in den Händen halten.

EINKOCHEN UND EINMACHEN – WAS BRAUCHE ICH DAFÜR?

Seit ein paar Jahren beobachte ich einen wundervollen Trend: Immer mehr Menschen denken um. Obst, Gemüse und Kräuter werden angebaut, um sie dann nach alter Tradition haltbar zu machen.

Hier stelle ich Ihnen die Grundausstattung vor, die ich für meine Rezepte benötige.

- Gläser und Flaschen
- Küchenwaage
- Brett und Messer
- verschiedene Trichter
- Messbecher
- Topf und Topflappen
- Ofen oder Dampfgarer
- Etiketten und Stift

Einkochen bedeutet das Haltbarmachen von Lebensmitteln. Dafür sind Temperaturen um die 100 °C nötig. Bei dieser Form der Konservierung, auch Pasteurisieren genannt, geht es darum, Lebensmittel für eine längere Zeit vor dem Verderben zu schützen.

Eine gute Vorbereitung ist wichtig, um auch ein gutes Endergebnis zu erzielen. Achten Sie zum Beispiel darauf, dass Deckel und Gläser rostfrei sind und keine Beschädigungen aufweisen. Reinigen Sie vor dem Gebrauch alle Teile sorgfältig mit heißem Wasser und stellen Sie sie anschließend umgestülpt (nicht abgetrocknet) auf ein sauberes Geschirrtuch.

Legen Sie bei den Zutaten Ihr Augenmerk stets darauf, dass sie frisch und ohne schadhafte Stellen sind.

Achtung! Lagern Sie das Einmachgut dunkel, kühl und trocken.
Kontrollieren Sie die Gläser regelmäßig.
Der Inhalt ist zwar mehrere Jahre haltbar, verliert aber teilweise an Aroma und Farbe.
Am besten schmecken die Produkte, wenn alles bis zur nächsten Ernte aufgebraucht ist.

EIN WORT ZU DEN GLÄSERN

Für das Einkochen von Gemüse bevorzuge ich die klassischen Weckgläser mit Gummiring. Selbstverständlich funktionieren die Rezepte in diesem Buch ebenfalls mit Schraubgläsern. Hierbei sollten Sie darauf achten, dass im Ofen immer eine Schale mit Wasser steht. Sie können aber auch im Einkochautomaten, Einkochtopf oder Dampfgarer einwecken. Bitte beachten Sie die Bedienungsanleitung der einzelnen Geräte.

Achtung! Schraubgläser, die mehrfach im Gebrauch sind, dürfen nur eine bestimmte Zeit verwendet werden. Sobald der Deckel den geringsten Schaden aufweist, bitte aussortieren und stattdessen ein neues Glas nehmen.

EIN WORT ZU DEN FLASCHEN

Ich verwende gern Weck-Saftflaschen. Sie haben eine weite Öffnung und einen Deckel aus Glas, der mit einer Klammer auf einem Gummiring befestigt wird. Für Kräuteröl und Kräuteressig bevorzuge ich Bügelverschlussflaschen. Beide Arten von Flaschen sind nicht nur dekorativ, sondern auch in verschiedenen Größen erhältlich.

KRÄUTERMISCHUNGEN UND KRÄUTERSALZE

Wenn sich wegen ihres natürlichen Gehaltes an Geschmacks- und Geruchsstoffen Teile bestimmter Pflanzenarten als würzende oder geschmacksgebende Zutaten verwenden lassen, bezeichnet man diese als Gewürze. Mit einer Mischung aus verschiedenen Gewürzen können Sie viele Gerichte verfeinern. Solche Mischungen bestehen ausschließlich aus Gewürzen.
Die Bezeichnung richtet sich nach der Art, zum Beispiel Kräuter der Provence, oder nach der Verwendung, wie bei einem Kräuterbuttergewürz.

WO KANN MAN FRISCHE KRÄUTER KAUFEN?

Wer keinen Garten besitzt, dem empfehle ich, neben Wochenmärkten und Gärtnereien, auch umliegende Bauernhöfe für den Kauf von frischen Kräutern. Zwar sind hier die Pflanzen etwas teurer, dafür werden sie, wie ich aus eigener Erfahrung weiß, im Gegensatz zu den Kräutern aus Bau- und Supermärkten, mit Liebe gehegt und gepflegt.

Bei der Bestellung im Internetfachhandel habe ich bis jetzt ebenfalls gute Erfahrungen gemacht. Hier entdecke ich immer wieder das eine oder andere Kraut, welches zum Beispiel auf dem Wochenmarkt nicht erhältlich ist. Auch den Service, dass mir die Ware zur Pflanzzeit nach Hause geliefert wird, schätze ich sehr.

FRISCHE KRÄUTER SELBST ANBAUEN

Wer einen Garten oder Balkon hat, für den sind die Bedingungen ideal, Kräuter selbst anzubauen. Frei nach dem Motto: Aus dem eigenen Garten schmeckt es am besten.

Es gibt verschiedene Möglichkeiten, den Garten oder Balkon zu einer Kräuteroase umzufunktionieren. Die einfachste Variante ist der Anbau von Topfkräutern. Diese können mit geringem Aufwand in herkömmlichen Blumentöpfen oder Balkonkästen aufgezogen werden. Ich zähle zu den Menschen, die eher zu wenig statt zu reichlich gießen. Daher habe ich persönlich kein Glück mit Kräutertöpfen, erfreue mich aber täglich an unserem Hochbeet.

Heimische Kräuter, die keine hohen Ansprüche an Boden und Witterung stellen, können auch eine Ergänzung im Gemüsebeet sein. Für etwas ausgefallenere Kräuter ist eine Kräuterspirale der ideale Ort. Viele Kräuter aus dem mediterranen Raum fühlen sich im Steingarten am wohlsten. Dazu genügt es, große Steine aufzuschichten und die Zwischenräume locker mit Sand und Erde zu befüllen. Für die meisten Kräuter ist dies die passende Anbaufläche.

KRÄUTER TROCKNEN UND LAGERN

Am besten schmecken mir die Kräuter aus dem eigenen Garten. Ich mag sie nicht missen, denn sie verfeinern zahlreiche Gerichte. Hin und wieder setze ich Kräuter auch nach alter Tradition gezielt ein, um mancherlei Beschwerden zu lindern. Allerdings sind viele Kräuter, genauso wie die meisten Obst- und Gemüsesorten, Saisonware. Damit ich dennoch nicht in den kalten Jahreszeiten auf meine Kräuter verzichten muss, konserviere ich sie auf die verschiedensten Arten.

WANN SOLL MAN DIE KRÄUTER ERNTEN?

Der Zeitpunkt, wann ich ernten kann, spielt eine große Rolle. Schließlich möchte ich, dass die Kräuter auch im getrockneten Zustand das volle Aroma behalten. Dafür ist es erforderlich, dass es mindestens 3 Tage hintereinander nicht geregnet hat. Außerdem achte ich darauf, dass die Blühphase noch nicht angefangen hat. Die Kräuter verlieren sowohl mit der Blüte als auch an regnerischen Tagen ein Großteil ihres Aromas. Es heißt, das Aroma sei am intensivsten, wenn die Kräuter an einem sonnigen Vormittag, kurz nachdem der Tau abgetrocknet ist, geerntet werden.

WIE WERDEN KRÄUTER GETROCKNET?

Kräuter können auf unterschiedliche Art getrocknet werden – in der Sonne, im Backofen, in der der Mikrowelle oder im Dörrautomaten. Ich trockne meine Kräuter am liebsten in der Küche vor dem Fenster. Dort ist es hell, trocken und ich habe sie immer im Blick. Dafür binde ich sie zu kleinen Sträußen und hänge sie dann, mittels eines Drahts, kopfüber an der Gardinenstange auf.

Werden Kräuter vor dem Trocknen gewaschen?

Diese Frage kann ich mit einem klaren Nein beantworten. Der Kontakt mit Wasser führt dazu, dass die Trocknung wesentlich länger dauert. Außerdem hat das denselben Effekt wie das Ernten an oder kurz nach Regentagen. Die Kräuter verlieren an Aroma. Um sie von unliebsamem Staub und kleinen Tierchen zu befreien, reicht es aus, sie kräftig zu schütteln oder wie Pilze mit einer weichen Bürste zu reinigen. Sollen die Kräuter doch mit Wasser in Berührung gekommen sein, dann empfehle ich, sie mit einem Küchentuch trocken zu tupfen.

Kräuter in der Sonne trocknen

Genauso wie ich die Kräuter am Küchenfenster trockne, können die Sträuße auch draußen aufgehängt werden. Bitte achten Sie darauf, dass der Platz windgeschützt, schattig und warm ist (nicht über 35 °C). Sind die Bedingungen optimal, dann trocknen die Kräuter nach 3 bis 4 Tagen durch. Anschließend können sie in einen aromadichten Behälter gefüllt werden.

Kräuter im Backofen trocknen

Manchmal muss es schnell gehen. In diesem Fall empfehle ich den Backofen. Verwenden Sie bitte dafür die niedrigste Temperatur (etwa 30 °C, jedoch nie höher als 50 °C). Während der Backofen vorheizt, verteilen Sie die Kräuter großzügig auf einem Backblech. Anschließend schieben Sie es in den Ofen, wobei die Ofentür einen kleinen Spalt geöffnet bleibt. Es dauert etwa 2 Stunden, bis die Kräuter durchgetrocknet sind.

Kräuter in der Mikrowelle oder im Dörrautomat trocknen

Neben dem Backofen können Sie auch einen Dörrautomat zum Trocknen von Kräutern verwenden, ebenso die Mikrowelle. Egal, für welches Gerät Sie sich entscheiden, bitte achten Sie auf die Hinweise in der Bedienungsanleitung.

Kräuter einfrieren

Nicht jedes Kraut, das getrocknet wurde, ist in der Weiterverarbeitung überall anwendbar. Als Beispiel nehme ich Petersilie. Im getrockneten Zustand eignet sie sich hervorragend für diverse Gewürz- oder auch Teemischungen. Allerdings schmecken Kräuterbutter und Stampfkartoffeln meiner Meinung nach mit frischer Petersilie besser. Um nicht nur in der Saisonzeit auf frische Petersilie zurückgreifen zu können, friere ich sie ein. Dafür wird sie klein gehackt und in eine Eiswürfelform gegeben. Kleiner Tipp: Ich fülle die einzelnen Kästchen nur ¾ voll und gebe dann einen Schuss Wasser darauf. So lassen sich dann die gefrorenen Kräuterportionen besser aus der Form lösen.

WIE BEWAHRE ICH DIE GETROCKNETEN KRÄUTER AUF?

Was nützt der größte Haufen getrockneter Kräuter, wenn er nicht vernünftig gelagert wird? Ich bewahre sie luft- und lichtgeschützt auf – einige in blickdichten Behältern, andere in Gläsern mit Gummi und Drahtbügel. **Aber Achtung!** Die Gläser stehen bei mir im Schrank. So vermeide ich den negativen Einfluss von schädlicher UV-Strahlung auf das Aroma und die Haltbarkeit der Kräuter.

BROTKRÄUTER

ZUTATEN FÜR 100 G

- 20 g Petersilie, getrocknet
- 20 g Brennnesselblätter, getrocknet
- 10 g Liebstöckelblätter, getrocknet
- 10 g Korianderpulver
- 10 g Kümmel
- 10 g gemahlene Senfkörner
- 5 g Kamillenblüten, getrocknet
- 5 g Anis
- 5 g Fenchelsaat
- 5 g geriebene, unbehandelte Zitronen- oder Orangenschale, getrocknet

1. Das geöffnete Einmachglas mit dem dazugehörigen Deckel in den Backofen stellen und für 60 Minuten bei 100 °C sterilisieren.
2. Zuerst alle Zutaten in einer Schüssel miteinander vermengen. Anschließend in das sterile Glas füllen.

Tipp: Damit die Kräutermischung lange hält, trocken und gut verschlossen aufbewahren.

CHILI-ORANGEN-SALZ

ZUTATEN FÜR 100 G

60 g Meersalz
30 g geriebene, unbehandelte Orangenschale, getrocknet
10 g Chiliflocken

1. Das geöffnete Einmachglas mit dem dazugehörigen Deckel in den Backofen stellen und für 60 Minuten bei 100 °C sterilisieren.
2. Zuerst alle Zutaten in einer Schüssel miteinander vermengen. Anschließend in das sterile Glas füllen.

Tipp: Damit die Kräutersalzmischung lange hält, trocken und gut verschlossen aufbewahren.

FISCHKRÄUTER

ZUTATEN FÜR 95 G

- 20 g Kerbel, getrocknet
- 20 g Dill, getrocknet
- 20 g Zitronenthymian, getrocknet
- 10 g Fenchelsaat, getrocknet
- 10 g gemahlener Koriander
- 5 g Chili- oder Paprikaflocken
- je 5 g geriebene, unbehandelte Zitronen- und Orangenschale, getrocknet

1. Das geöffnete Einmachglas mit dem dazugehörigen Deckel in den Backofen stellen und für 60 Minuten bei 100 °C sterilisieren.
2. Zuerst alle Zutaten in einer Schüssel miteinander vermengen. Anschließend in das sterile Glas füllen.

Tipp: Damit die Kräutermischung lange hält, trocken und gut verschlossen aufbewahren.

SALATKRÄUTER

ZUTATEN FÜR 105 G

- 20 g Petersilie, getrocknet
- 20 g Schnittlauch, getrocknet
- 20 g Dill, getrocknet
- 20 g Zwiebelgranulat
- 10 g Sellerieblätter, getrocknet
- 10 g Chili- oder Paprikaflocken
- 5 g geriebene, unbehandelte Zitronen- oder Orangenschale, getrocknet

1. Das geöffnete Einmachglas mit dem dazugehörigen Deckel in den Backofen stellen und für 60 Minuten bei 100 °C sterilisieren.
2. Zuerst alle Zutaten in einer Schüssel miteinander vermengen. Anschließend in das sterile Glas füllen.

Tipp: Damit die Kräutermischung lange hält, trocken und gut verschlossen aufbewahren.

GEWÜRZSALZ NACH KRÄUTERHEXENART

ZUTATEN FÜR 105 G

- 60 g Meersalz
- 5 g Bärlauch, getrocknet
- 5 g Rosmarin, getrocknet
- 5 g Bohnenkraut, getrocknet
- 5 g Kerbel, getrocknet
- 5 g Basilikum, getrocknet
- 5 g Liebstöckel, getrocknet
- 5 g Oregano, getrocknet
- 5 g Koriander, getrocknet
- 5 g Dill, getrocknet

1. Das geöffnete Einmachglas mit dem dazugehörigen Deckel in den Backofen stellen und für 60 Minuten bei 100 °C sterilisieren.
2. Zuerst alle Zutaten in einer Schüssel miteinander vermengen. Anschließend in das sterile Glas füllen.

Tipp: Damit die Kräutersalzmischung lange hält, trocken und gut verschlossen aufbewahren.

KRÄUTERBUTTERGEWÜRZ

ZUTATEN FÜR 75 G

- 20 g Petersilie, getrocknet
- 20 g Schnittlauch, getrocknet
- 10 g Zwiebelgranulat
- 10 g Chili- oder Paprikaflocken
- 5 g Basilikum, getrocknet
- 5 g Lavendelblüten, getrocknet
- 5 g geriebene, unbehandelte Zitronenschale, getrocknet

1. Das geöffnete Einmachglas mit dem dazugehörigen Deckel in den Backofen stellen und für 60 Minuten bei 100 °C sterilisieren.
2. Zuerst alle Zutaten in einer Schüssel miteinander vermengen. Anschließend in das sterile Glas füllen.

Tipp: Damit die Kräutermischung lange hält, trocken und gut verschlossen aufbewahren.

WÜRZMISCHUNG FÜR TOFU

ZUTATEN FÜR 105 G

- 20 g Thymian, getrocknet
- 20 g Kerbel, getrocknet
- 20 g Dill, getrocknet
- 10 g Rosmarin, getrocknet
- 10 g Basilikum, getrocknet
- 10 g Salbei, getrocknet
- 10 g Korianderpulver
- 5 g geriebene, unbehandelte Zitronenschale, getrocknet

1. Das geöffnete Einmachglas mit dem dazugehörigen Deckel in den Backofen stellen und für 60 Minuten bei 100 °C sterilisieren.
2. Zuerst alle Zutaten in einer Schüssel miteinander vermengen. Anschließend in das sterile Glas füllen.

Tipp: Damit die Kräutermischung lange hält, trocken und gut verschlossen aufbewahren.

Anwendung: Für den Aufstrich 1 EL Würzmischung mit 3 EL Öl vermengen, danach den Tofu damit bestreichen. Anschließend den marinierten Tofu über Nacht ziehen lassen. Am nächsten Tag auf dem Grill garen oder in der Pfanne goldbraun braten.

KRÄUTERSALZ ALLA ITALIEN

ZUTATEN FÜR 95 G

60 g Meersalz
5 g Thymian, getrocknet
5 g Oregano, getrocknet
5 g Rosmarin, getrocknet
5 g Majoran, getrocknet
5 g Basilikum, getrocknet
5 g Bohnenkraut, getrocknet
5 g Chilifocken

1. Das geöffnete Einmachglas mit dem dazugehörigen Deckel in den Backofen stellen und für 60 Minuten bei 100 °C sterilisieren.
2. Zuerst alle Zutaten in einer Schüssel miteinander vermengen. Anschließend in das sterile Glas füllen.

Tipp: Damit die Kräutersalzmischung lange hält, trocken und gut verschlossen aufbewahren.

TOMATEN-GEWÜRZ-SALZ

ZUTATEN FÜR 105 G

60 g Meersalz
20 g Basilikum, getrocknet
10 g Oregano, getrocknet
10 g Petersilie, getrocknet
5 g Chiliflocken

1. Das geöffnete Einmachglas mit dem dazugehörigen Deckel in den Backofen stellen und für 60 Minuten bei 100 °C sterilisieren.
2. Zuerst alle Zutaten in einer Schüssel miteinander vermengen. Anschließend in das sterile Glas füllen.

Tipp: Damit die Kräutersalzmischung lange hält, trocken und gut verschlossen aufbewahren.

KRÄUTERÖL UND -ESSIG

Sie können das Aroma sowohl von frischen als auch von getrockneten Kräutern konservieren, indem Sie diese in Öl oder Essig einlegen. Dabei ist der Fantasie keine Grenze gesetzt. In einer passenden Flasche sieht die Mischung nicht nur dekorativ aus – sie ist gleichzeitig ein Geschenk mit individueller Note.

KONSERVIEREN VON KRÄUTERN IN ÖL

In den meisten Gärten findet sich eine Ecke, um zumindest die gängigen Kräuter wie Petersilie, Schnittlauch, Rosmarin, Salbei, Thymian anzupflanzen. Oft reicht der Platz aber auch noch für Oregano, Basilikum, Liebstöckel, Lavendel, Pimpinelle und vieles mehr.

Ein Kräuteröl herzustellen, ob nun mit frischen oder getrockneten Kräutern, ist kein Hexenwerk. Am besten eignen sich kalt gepresste Öle (siehe Seite 31).

Achtung! Die frischen Kräuter, sollte sich noch etwas Morgentau darauf befinden, erst mit einem Tuch trocken tupfen, bevor sie mit dem Öl in Berührung kommen. Ansonsten könnte der Ansatz rasch kippen, sprich verderben.

Sie sollten auch darauf achten, dass die Kräuter stets mit dem Öl bedeckt werden. Auch hier besteht ansonsten die Gefahr, dass der Ansatz verdirbt.

DIE BEKANNTESTEN ÖLSORTEN – GESCHMACK UND ANWENDUNG

Olivenöl:
Am besten, aber auch am teuersten, ist das kalt gepresste Olivenöl. Es ist unter der Bezeichnung »extra« oder »extra vergine« im Handel erhältlich. Der reichhaltige Olivengeschmack ist mild fruchtig bis kräftig mit leichter Schärfe. Olivenöl eignet sich hervorragend für Salate und südländische Gerichte.

Erdnussöl:
Der Geschmack des Erdnussöls ist sehr mild. Es eignet sich für Salatmarinaden, zum Dünsten und zum Braten.

Maiskeimöl:
Das geschmacksneutrale Maiskeimöl ist besonders zum Dünsten, Braten, Backen und für Salate zu empfehlen.

Sojaöl:
Da geschmacksneutral, wird es gern für Salatmarinaden, Reisgerichte und zum Dünsten verwendet.

Sonnenblumenöl:
Kalt gepresst ist es besonders köstlich und hat einen milden Nussgeschmack. Sonnenblumenöl hält sich lange Zeit und eignet sich für alle Salatmarinaden, zum Dünsten von Gemüse, zum Braten und zum Backen.

Sesamöl:
Sesamöl hat einen nussähnlichen Geschmack und passt zu feinen Salaten. Ebenso eignet es sich zum Marinieren, zum Einlegen von Gemüse und für ostasiatische Gerichte.

Distelöl:
Wegen seines sehr strengen Geschmacks wird es oft raffiniert. Für Salate und gedünstete Gerichte ist es besonders zu empfehlen.

Traubenkernöl:
Der Geschmack ist mild mit sehr feinem Aroma. Traubenkernöl passt zu vielen Gerichten, es eignet sich für Salatmayonnaisen und wird bei Käsesalat zur Verfeinerung genommen.

Kürbiskernöl:
Wegen seines nussähnlichen Geschmacks eignet es sich besonders für Gemüsesalate, Blattsalate und gedünstete Gerichte.

Walnussöl:
Walnussöl hat einen nussartigen, würzigen Geschmack. Es wird für Cocktailsoßen und Salate, zum Aromatisieren von Gebäck und in Süßspeisen verwendet.

Leinöl:
Dieses Öl ist kräftig im Geschmack und reagiert sehr empfindlich auf Licht und Wärme. Daher ist es ratsam, nur kleine Mengen in Dosen zu kaufen. Es eignet sich besonders gut zu Pellkartoffeln und rohem Gemüse.

Tipp: Viele Pflanzenöle sind reich an lebenswichtiger Linolsäure. Diese mehrfach ungesättigte Fettsäure kann den Cholesterinspiegel senken. Der Bedarf pro Tag liegt bei 10 g.

Öl wird schnell ranzig. Darum sollten Sie Folgendes beachten:

- Angebrochene Flaschen und Dosen mit kalt gepresstem Öl halten sich etwa 4 – 6 Wochen.
- Angebrochene Flaschen und Dosen mit raffiniertem Öl sind etwa 3 – 6 Monate haltbar.
- Nicht angebrochene Flaschen und Dosen halten sich etwa 1–2 Jahre.
- Flaschen und Dosen sollten dunkel, verschlossen und kühl aufbewahrt werden, da durch Wärme und Licht das Öl oxidieren kann.

KONSERVIEREN VON KRÄUTERN IN ESSIG

Mit der Herstellung von Kräuteressig verhält es sich ähnlich wie mit Kräuteröl. Hier ist es ebenfalls möglich, sowohl frische als auch trockene Zutaten zu verwenden. Während Rotweinessig hauptsächlich zu kräftigen Aromen wie von Thymian oder Rosmarin passt, sind Weißwein- und Obstessig für mildere Kräuter geeignet.

DIE BEKANNTESTEN ESSIGSORTEN – GESCHMACK UND ANWENDUNG

Weinessig:
Weinessig wird aus rotem oder weißem Traubenwein hergestellt. Der Essigsäuregehalt liegt bei 6 %.

Essig aus Rotwein schmeckt aufgrund seiner Gerbstoffe kräftiger als Weißweinessig. Er passt zu Fleischgerichten, Wild und Rotkohl.

Weißweinessig ist eher mild und kommt in Fischgerichten und hellen Soßen zum Einsatz.

Obstessig:
Dieser Essig wird aus dem jeweiligen Obstwein durch Umwandlung mithilfe von Essigsäurebakterien hergestellt. Der Säuregehalt liegt nur bei 5 %. Obstessig besitzt einen milderen und fruchtigeren Geschmack als Weinessig.

Er eignet sich zum Würzen von Salaten, gekochten Gerichten und Soßen oder Marinaden.

Am bekanntesten sind die Sorten Apfel- und Birnenessig. Apfelessig werden gesundheitsfördernde Eigenschaften nachgesagt; er besitzt antibakterielle Eigenschaften und soll außerdem eine Entschlackung und Entgiftung des Körpers bewirken, wenn man täglich 2 EL verdünnt zu sich nimmt. Apfelessig enthält viele Mineralien, zum Beispiel hat er einen hohen Kaliumanteil.

Branntweinessig:
Er wird aus verdünntem Branntwein hergestellt. Der Säuregehalt liegt mit 10 % recht hoch, darum sollte Branntweinessig vorsichtig dosiert werden. Er schmeckt neutral und besitzt kein charakteristisches Aroma. Man verwendet ihn zum Einlegen von Gurken oder Kürbis, da die Essigsäure auf natürliche Weise konservierend wirkt.

Branntweinessig eignet sich nicht für die Vinaigrette-Herstellung, da sein Eigengeschmack zu schwach ist.

Aceto Balsamico:
Balsamico-Essig wird ausschließlich aus Traubenmost hergestellt, mit einer langen Reifezeit. Je älter er ist, umso dickflüssiger ist seine Konsistenz. Er schmeckt leicht süßlich und kann für Salate und Soßen verwendet werden.

Reisessig:
Man stellt ihn in Asien aus Reiswein her. Der Säuregehalt beträgt nur 2 bis 4 % und der Reisessig besitzt einen höheren Zuckeranteil, weshalb er auch milder schmeckt als die europäischen Sorten. Er dient zum Würzen verschiedener asiatischer Speisen, zum Beispiel von Sushi-Reis.

Malzessig:
Dieser Essig entsteht aus vergorener Malzmaische. In England ist die Sorte sehr beliebt und wird dort zum Beispiel zu Fish and Chips serviert; für Salate ist der Malzessig allerdings zu scharf.

Sherryessig:
In Spanien lässt man Sherry vergären, um daraus Sherryessig herzustellen; er ist saurer als andere Sorten und wird deshalb für Gerichte mit einem starken Eigengeschmack, zum Beispiel Rucola-, Löwenzahn- oder andere Salate, verwendet. Er wird auch zum Marinieren von Wildgerichten genutzt.

Essigessenz:
Hierbei handelt es sich um ein rein synthetisch hergestelltes Produkt, das hochkonzentrierte Essigsäure enthält; der Anteil liegt bei über 15 %.

Essigessenz ist daher keine Alternative zu Naturessig. Sie sollte im Zusammenhang mit Lebensmitteln nur geringfügig oder nicht unverdünnt angewendet werden (z. B. zum Würzen von deftigen Speisen).

Des Weiteren ist Essigessenz ein gutes biologisches Putz- und Reinigungsmittel.

FEINWÜRZIGES PAPRIKAÖL

ZUTATEN FÜR 1 FLASCHE À 750 ML

1 rote Paprikaschote
1 milde Peperoni
100 ml Rotweinessig
1 TL rote Pfefferkörner
1 Zweig Rosmarin
Ingwer (ca. 1–2 cm)
500 ml Rapsöl

1. Die geöffnete Flasche mit dem dazugehörigen Deckel in den Backofen stellen und für 60 Minuten bei 100 °C sterilisieren.
2. Zuerst die Paprikaschote und die Peperoni säubern, dann halbieren.
3. Anschließend im Ofen bei 180 °C Ober-/Unterhitze backen, bis die Haut Blasen wirft. Mit einem feuchten Tuch für 10 Minuten abdecken, so lässt sich die Haut leichter abziehen.
4. Nun den Essig in einem Topf erhitzen. Pfefferkörner und Rosmarinzweig dazugeben. Nach 5 Minuten die Gewürze wieder herausschöpfen.
5. Als Nächstes Paprikaschote und Peperoni in kleine Streifen schneiden. Ingwer ebenfalls schälen und in Streifen, Scheiben oder Würfel schneiden.
6. Zum Schluss alles in eine sterile Flasche füllen, mit Öl aufgießen und gut verschließen. Etwa 1 Woche an einen kühlen Ort stellen, damit das Gemisch durchziehen kann.

Achtung! Das Öl muss immer alle Kräuter – egal ob frisch oder trocken – bedecken, sonst fangen sie schnell an zu verderben.
Sie sollten auch darauf achten, dass vor dem Verschließen der Flasche die Ränder sauber sind.

Tipp: Das feinwürzige Paprikaöl ist hervorragend zum Verfeinern von Suppen und Soßen und zum Anbraten und Marinieren von Tofu geeignet.

GEPFEFFERTES KRÄUTERÖL

ZUTATEN FÜR 2 FLASCHEN À 500 ML

- je 2 Zweige Rosmarin und Thymian
- 2 kleine Zweige Weinraute
- 2 TL schwarzer Pfeffer
- 6 Knoblauchzehen
- 2 Chilischoten
- 1 l Olivenöl

1. Die geöffneten Flaschen mit den dazugehörigen Deckeln in den Backofen stellen und für 60 Minuten bei 100 °C sterilisieren.
2. Zuerst die Kräuter kurz abspülen, dann trocken tupfen. Als Nächstes den Pfeffer im Mörser anstoßen.
3. Danach die Knoblauchzehen schälen und halbieren.
4. Nun 2 sterile Flaschen halb mit Öl füllen. Anschließend Kräuter, Chilischoten, Pfeffer und Knoblauch zu gleichen Teilen hinzugeben.
5. Zum Schluss das restliche Öl bis kurz unter den Rand der Flaschen gießen. Flaschen fest verschließen. Etwa 2 Wochen an einen dunklen, kühlen Ort stellen, damit das Gemisch durchziehen kann.

Achtung! Das Öl muss immer alle Kräuter – egal ob frisch oder trocken – bedecken, sonst fangen sie schnell an zu verderben.
Sie sollten darauf achten, dass vor dem Verschließen der Flaschen die Ränder sauber sind.

Tipp: Das Gepfefferte Kräuteröl eignet sich gut zum Marinieren, Braten und Grillen von Gemüse, Tofu und Käse.

KRÄUTERÖL FÜR TOFU

ZUTATEN FÜR 2 FLASCHEN À 500 ML

1 l Erdnussöl
30 g Dill, getrocknet
20 g Zitronenmelisse, getrocknet
10 g Rosmarin, getrocknet
10 g Salbei, getrocknet
10 g Koriandersamen
10 g Piment
unbehandelte Schale von ½ Zitrone und ½ Orange

1. Die geöffneten Flaschen mit den dazugehörigen Deckeln in den Backofen stellen und für 60 Minuten bei 100 °C sterilisieren.
2. Alle Zutaten in die sterilen Flaschen geben.
3. Anschließend das Gemisch 4 Wochen an einem dunklen und kühlen Ort ziehen lassen. Ab und zu schütteln, damit sich die Aromen miteinander verbinden.

Achtung! Das Rezept kann auch mit frischen Kräutern hergestellt werden, dazu die Zutaten klein schneiden.
Das Öl muss immer alle Kräuter – egal ob frisch oder trocken – bedecken, sonst fangen sie schnell an zu verderben.
Sie sollten darauf achten, dass vor dem Verschließen der Flaschen die Ränder sauber sind.

KRÄUTERÖL FÜR TOMATENSPEISEN

ZUTATEN FÜR
2 FLASCHEN À 500 ML

1 l Olivenöl
6 Lorbeerblätter, getrocknet
5 Stängel frisches Basilikum
2 Knoblauchzehen

1. Die geöffneten Flaschen mit den dazugehörigen Deckeln in den Backofen stellen und für 60 Minuten bei 100 °C sterilisieren.
2. Zuerst alle Zutaten in die sterilen Flaschen geben.
3. Anschließend das Gemisch 2 Wochen an einem dunklen und kühlen Ort ziehen lassen. Ab und zu schütteln, damit sich die Aromen miteinander verbinden.

Achtung! Das Öl muss immer alle Kräuter – egal ob frisch oder trocken – bedecken, sonst fangen sie schnell an zu verderben.
Sie sollten auch darauf achten, dass vor dem Verschließen der Flaschen die Ränder sauber sind.

Tipp: Das Kräuteröl für Tomatenspeisen passt gut zu Tomaten mit Mozzarella, Tomatensalat und Bruschetta.

SALATKRÄUTERÖL

ZUTATEN FÜR 2 FLASCHEN À 500 ML

- 1 l Öl
- 20 g Schnittlauch, getrocknet
- 20 g Kerbel, getrocknet
- 20 g Zwiebelgranulat
- 10 g Basilikum, getrocknet
- 10 g Liebstöckel, getrocknet
- 10 g Dill, getrocknet
- 10 g weißer Pfeffer, angestoßen
- 1 Knoblauchzehe
- 1 kleine Chilischote

1. Die geöffneten Flaschen mit den dazugehörigen Deckeln in den Backofen stellen und für 60 Minuten bei 100 °C sterilisieren.
2. Zuerst alle Zutaten in die sterilen Flaschen geben.
3. Anschließend das Gemisch 4 Wochen an einem dunklen und kühlen Ort ziehen lassen. Ab und zu schütteln, damit sich die Aromen miteinander verbinden.

Achtung! Das Rezept kann auch mit frischen Kräutern hergestellt werden. Dafür die Zutaten klein schneiden.
Das Öl muss immer alle Kräuter – egal ob frisch oder trocken – bedecken, sonst fangen sie schnell an zu verderben.
Sie sollten darauf achten, dass vor dem Verschließen der Flaschen die Ränder sauber sind.

Tipp: Das Salatkräuteröl eignet sich für alle Blattsalate.

SCHARFES ORANGENÖL

ZUTATEN FÜR 1 FLASCHE À 750 ML

2 unbehandelte Orangen
2 Chilischoten
1 Zweig Fruchtsalbei
750 ml Olivenöl

1. Die geöffnete Flasche mit dem dazugehörigen Deckel in den Backofen stellen und für 60 Minuten bei 100 °C sterilisieren.
2. Zuerst die Orangen heiß abwaschen. Als Nächstes diese trocken tupfen, dann in 5 cm breite Streifen schneiden.
3. Die Chilischoten nun von Stielen und Kernen befreien und ebenfalls in Streifen schneiden.
4. Anschließend beides in eine sterile Flasche geben. Jetzt den Fruchtsalbei abspülen, trocken tupfen und hinzufügen.
5. Zum Schluss mit Öl auffüllen. Die Flasche fest verschließen. Etwa 2 Wochen an einen kühlen Ort stellen, damit das Gemisch durchziehen kann.

Achtung! Das Öl muss immer alle Kräuter – egal ob frisch oder trocken – bedecken, sonst fangen sie schnell an zu verderben.
Sie sollten auch darauf achten, dass vor dem Verschließen der Flasche die Ränder sauber sind.

Tipp: Das Scharfe Orangenöl regt die Verdauung an. Dieses Öl passt gut zu Blattsalaten und eignet sich hervorragend zum Verfeinern von Suppen und Soßen.

BASILIKUMESSIG

ZUTATEN FÜR 1 FLASCHE À 750 ML

je 2 Zweige Basilikum, Zitronenmelisse und -thymian
1 Schalotte
1 TL weiße Pfefferkörner
1 kleine Chilischote
750 ml Weißweinessig

1. Die geöffnete Flasche mit dem dazugehörigen Deckel in den Backofen stellen und für 60 Minuten bei 100 °C sterilisieren.
2. Zuerst die Kräuter kurz abspülen, dann trocken tupfen.
3. Anschließend, inklusive der restlichen Zutaten, in die Flasche geben.
4. Zum Schluss mit Weißweinessig auffüllen. Etwa 2 Wochen an einen kühlen Ort stellen, damit das Gemisch durchziehen kann.

Achtung! Das Rezept kann auch mit frischen Kräutern hergestellt werden. Dafür die Zutaten klein schneiden.
Das Öl muss immer alle Kräuter – egal ob frisch oder trocken – bedecken, sonst fangen sie schnell an zu verderben.
Sie sollten darauf achten, dass vor dem Verschließen der Flasche die Ränder sauber sind.

Tipp: Mit dem Basilikumessig können alle grünen Blattsalate und Tomatenspeisen (z. B. Tomatensalat) verfeinert werden.
Er eignet sich auch hervorragend zum Marinieren von Gemüse.
Aufgegossen mit Mineralwasser oder Sekt dient er in den Sommermonaten wunderbar als Erfrischungsgetränk.

TRAUBEN-ESTRAGON-ESSIG

ZUTATEN FÜR 2 FLASCHEN À 500 ML

- 400 g rote Weintrauben
- 100 ml Sherryessig
- 1 TL Orangenschale
- 1 Handvoll Estragon
- ½ l Apfelessig

1. Die geöffneten Flaschen mit den dazugehörigen Deckeln in den Backofen stellen und für 60 Minuten bei 100 °C sterilisieren.
2. Zuerst die Weintrauben abspülen, dann trocken tupfen. Als Nächstes alle Zutaten in ein hohes Gefäß mit Deckel geben.
3. Anschließend den Essig daraufgießen. Den Ansatz 4 Wochen ziehen lassen.
4. Das Essig-Trauben-Kräuter-Gemisch durch ein feines Haarsieb seien. Die Früchte müssen gut abtropfen.
5. Zum Schluss den Trauben-Estragon-Essig in die sterilen Flaschen füllen. Die Flaschen fest verschließen und an einem kühlen Ort aufbewahren.

Achtung! Sie sollten darauf achten, dass vor dem Verschließen der Flaschen die Ränder sauber sind.

Tipp: Der Trauben-Estragon-Essig schmeckt zu Feldsalat mit Feigen, Ziegenkäse oder herbstlichen Salaten mit Kürbis.
Er eignet sich auch gut zum Verfeinern von Süßspeisen, Eis oder aufgegossen mit Mineralwasser oder Sekt als Erfrischungsgetränk.

ZITRUSÖL

ZUTATEN FÜR 3 FLASCHEN À 500 ML

2 unbehandelte Limetten
1 unbehandelte Zitrone
3 Gewürznelken
15 bunte Pfefferkörner
2 Zweige Zitronenmelisse
2 Blätter Zitronengeranie
3 Zweige Zitronenthymian
1 l Distelöl

1. Die geöffneten Flaschen mit den dazugehörigen Deckeln in den Backofen stellen und für 60 Minuten bei 100 °C sterilisieren.
2. Zuerst Limetten und Zitrone heiß abwaschen, dann abtrocknen. Als Nächstes die Limetten in Achtel schneiden
3. Danach die Zitrone wie einen Apfel schälen. Die Limettenachtel auf 3 sterile Flaschen verteilen.
4. Anschließend zu gleichen Teilen Zitronenschalen, Gewürznelken und Pfeffer hinzufügen. Danach Zitronenmelisse, -geranie und -thymian dazugeben.
5. Zum Schluss mit Öl auffüllen. Flaschen fest verschließen. Etwa 2 Wochen an einen kühlen Ort stellen, damit das Gemisch durchziehen kann.

Achtung! Das Rezept kann auch mit frischen Kräutern hergestellt werden. Dafür die Zutaten klein schneiden.
Das Öl muss immer alle Kräuter – egal ob frisch oder trocken – bedecken, sonst fangen sie schnell an zu verderben.
Sie sollten darauf achten, dass vor dem Verschließen der Flaschen die Ränder sauber sind.

Tipp: Das Zitrusöl passt besonders gut zu Radicchio-, Feld- und Rucolasalat.

ESTRAGON-ZITRONEN-PFEFFER-ESSIG

ZUTATEN FÜR 1 FLASCHE À 500 ML

500 ml Apfelessig
2 Zweige Estragon
Saft und Schale von ½ unbehandelten Zitrone
½ TL Pfeffer

1. Die geöffnete Flasche mit dem dazugehörigen Deckel in den Backofen stellen und für 60 Minuten bei 100 °C sterilisieren.
2. Zuerst die Kräuter kurz abspülen, dann trocken tupfen.
3. Anschließend in die sterile Flasche geben. Die restlichen Zutaten hinzufügen.
4. Zum Schluss mit Apfelessig auffüllen. Etwa 1 Woche an einen kühlen Ort stellen, damit das Gemisch durchziehen kann.

Achtung! Das Rezept kann auch mit frischen Kräutern hergestellt werden. Dafür die Zutaten klein schneiden.
Das Öl muss immer alle Kräuter – egal ob frisch oder trocken – bedecken, sonst fangen sie schnell an zu verderben.
Sie sollten darauf achten, dass vor dem Verschließen der Flasche die Ränder sauber sind.

Tipp: Mit dem Estragon-Zitronen-Pfeffer-Essig können alle grünen Blattsalate und Fischgerichte verfeinert werden.
Er eignet sich auch hervorragend zum Marinieren von Gemüse.
Aufgegossen mit Mineralwasser oder Sekt dient er in den Sommermonaten wunderbar als Erfrischungsgetränk.

FRISCH-WÜRZIGER KRÄUTERESSIG

ZUTATEN FÜR 2 FLASCHEN À 500 ML

- 6 Zweige Estragon
- 4 Zweige Zitronenmelisse
- 2 TL grüner Pfeffer
- Schale von ½ unbehandelten Zitrone
- 1 Kumquat
- 1 Stück Ingwer
- 1 Zweig Zitronenthymian
- 1 l naturtrüber Apfelessig

1. Die geöffneten Flaschen mit den dazugehörigen Deckeln in den Backofen stellen und für 60 Minuten bei 100 °C sterilisieren.
2. Zuerst die Kräuter kurz abspülen, dann trocken tupfen.
3. Anschließend gleichmäßig auf die sterilen Flaschen verteilen. Die restlichen Zutaten hinzugeben.
4. Zum Schluss mit Apfelessig auffüllen. Etwa 2 Wochen an einen kühlen Ort stellen, damit das Gemisch durchziehen kann.

Achtung! Essig muss immer alle Kräuter – egal ob frisch oder trocken – bedecken, sonst fangen sie schnell an zu verderben.
Sie sollten darauf achten, dass vor dem Verschließen der Flaschen die Ränder sauber sind.

Tipp: Der Frisch-würzige Kräuteressig schmeckt besonders gut zu Blattsalaten.
Aufgegossen mit Mineralwasser oder Sekt dient er in den Sommermonaten wunderbar als Erfrischungsgetränk.

FRUCHTIGER HIMBEERESSIG

ZUTATEN FÜR 2 FLASCHEN À 500 ML

250 g frische Himbeeren
1 Zweig Ananassalbei
½ l Rotwein- oder Obstessig

1. Die geöffneten Flaschen mit den dazugehörigen Deckeln in den Backofen stellen und für 60 Minuten bei 100 °C sterilisieren.
2. Zuerst die frischen Himbeeren abspülen, dann trocken tupfen.
3. Anschließend in eine sterile Flasche geben. Ananassalbei hinzufügen und mit Essig auffüllen.
4. Etwa 1 Woche an einen kühlen Ort stellen, damit der Ansatz durchziehen kann.
5. Das Essig-Früchte-Gemisch nun durch ein feines Haarsieb seien. Die Früchte müssen gut abtropfen.
6. Den aufgefangenen Essig in einen Topf geben, erhitzen und einmal kräftig aufkochen. Abkühlen lassen.
7. Zum Schluss den Himbeeressig in die sterilen Flaschen füllen. Die Flaschen fest verschließen.

Achtung! Sie sollten darauf achten, dass vor dem Verschließen der Flaschen die Ränder sauber sind.

Tipp: Der Himbeeressig ist sehr ergiebig, weil er nur löffelweise dosiert wird (z. B. an Blattsalaten). Er eignet sich auch gut zum Verfeinern von Süßspeisen, Eis oder aufgegossen mit Mineralwasser oder Sekt als Erfrischungsgetränk.

ROSENESSIG

ZUTATEN FÜR FÜR 1 FLASCHE À 750 ML

6 EL stark duftende Rosenblütenblätter (entsprechen 3 voll erblühten Rosen)
¾ l Weinessig

1. Die geöffnete Flasche mit dem dazugehörigen Deckel in den Backofen stellen und für 60 Minuten bei 100 °C sterilisieren.
2. Zuerst die Rosenblätter oder Blüten vom Stiel befreien, dann in ein hohes Glasgefäß mit Deckel geben.
3. Als Nächstes den Essig darübergießen. Das Gefäß verschlossen ungefähr 14 Tage an einen sonnigen, warmen Platz stellen.
4. Das Essig-Rosenblätter-Gemisch nun durch ein feines Haarsieb seien.
5. Zum Schluss den Rosenessig in eine sterile Flasche füllen. Die Flasche fest verschließen und an einem kühlen Ort aufbewahren.

Achtung! Sie sollten darauf achten, dass vor dem Verschließen der Flasche die Ränder sauber sind.

Tipp: Rosenessig kann vielseitig verwendet werden, zum Beispiel für süß- saure Birnen oder Kürbis, aber auch für Chicorée- und Blattsalat. Er eignet sich auch gut zum Verfeinern von Süßspeisen, Eis oder aufgegossen mit Mineralwasser oder Sekt als Erfrischungsgetränk.

WEINTRAUBENESSIG

ZUTATEN FÜR 2 FLASCHEN À 500 ML

- 400 g gemischte Weintrauben
- 100 ml Sherryessig
- je 1 TL Orangenschale und Zitronenschale
- ½ l Apfelessig

1. Die geöffneten Flaschen mit den dazugehörigen Deckeln in den Backofen stellen und für 60 Minuten bei 100 °C sterilisieren.
2. Zuerst die Weintrauben abspülen, dann trocken tupfen. Als Nächstes alle Zutaten in ein hohes Gefäß mit Deckel gießen.
3. Anschließend den Essig daraufgießen. Den Ansatz 4 Woche ziehen lassen.
4. Das Essig-Weintrauben-Gemisch durch ein feines Haarsieb seien. Die Früchte müssen gut abtropfen.
5. Zum Schluss den Weintraubenessig in die sterilen Flaschen füllen. Die Flaschen fest verschließen und an einem kühlen Ort aufbewahren.

Achtung! Sie sollten darauf achten, dass vor dem Verschließen der Flaschen die Ränder sauber sind.

Tipp: Der Weintraubenessig schmeckt zu Feldsalat mit Feigen, Ziegenkäse oder herbstlichen Salaten mit Kürbis. Er eignet sich auch gut zum Verfeinern von Süßspeisen, Eis oder aufgegossen mit Mineralwasser oder Sekt als Erfrischungsgetränk.

EINGELEGTES GEMÜSE UND HERZHAFTES

Unter dem Einlegen von Gemüse ist das Konservieren ohne Kochen zu verstehen. Dazu wird konservierende Flüssigkeit wie Essig, Öl, oder eine Salzlake verwendet. Das Gemüse wird je nach Rezept zunächst vorgekocht, gegart oder blanchiert. Aber auch im rohen Zustand kann Gemüse im Glas konserviert werden. Dazu wird es mit Salz bestreut.

CHILISCHOTEN IN WEISSWEINESSIG

ZUTATEN FÜR 2 GLÄSER À 750 ML

- 1 kg rote Chilischoten
- je 300 g Möhren, Gemüsefenchel und grüne Bohnen
- ½ Sellerieknolle
- 2 TL Kräuter der Provence
- 4 Lorbeerblätter
- 3 Gewürznelken
- 1 EL Salz
- 6 EL Zucker
- 250 ml Rapsöl
- 1 l Weißweinessig

1. Die geöffneten Einmachgläser mit den dazugehörigen Deckeln in den Backofen stellen und für 60 Minuten bei 100 °C sterilisieren.
2. Zuerst die Chilischoten und das Gemüse unter fließendem Wasser waschen, dann putzen. Als Nächstes die Chilischoten der Länge nach halbieren und von Kernen sowie Stielen befreien.
3. Nun das Gemüse in Würfel schneiden. Anschließend alles in einen Topf geben. Mit Kräutern, Gewürzen, Salz, Zucker, Öl und Essig 15 Minuten köcheln lassen.
4. Danach das fertige Gemüse mit einem Schaumlöffel herausnehmen und in die sterilen Gläser füllen. Zum Schluss den Sud darübergießen. Die Gläser fest verschließen.

Achtung! Sie sollten darauf achten, dass vor dem Verschließen der Gläser die Ränder sauber sind. Nach dem Öffnen im Kühlschrank aufbewahren und schnell verzehren.

GEMÜSE IN SALZ

ZUTATEN FÜR 2 GLÄSER À 750 ML

450 g Gemüsefenchel
200 g Möhren
300 g Petersilienwurzeln mit Kraut
250 g Staudensellerie mit Kraut
175 g Salz

1. Die geöffneten Einmachgläser mit den dazugehörigen Deckeln in den Backofen stellen und für 60 Minuten bei 100 °C sterilisieren.
2. Zuerst Fenchel und Möhren putzen und schälen. Als Nächstes klein schneiden.
3. Das Kraut von der Petersilienwurzel und dem Staudensellerie entfernen. Petersilienwurzel und Staudensellerie ebenfalls klein schneiden.
4. Anschließend in eine Schüssel geben. Nun das Salz hinzufügen und alles miteinander vermengen.
5. Zum Schluss das Gemüse in die sterilen Gläser füllen. Gläser fest verschließen.

Achtung! Sie sollten darauf achten, dass vor dem Verschließen der Gläser die Ränder sauber sind.
Über Nacht ziehen lassen.
Kühl aufbewahren und schnell verzehren.

EINGELEGTER TOFU

ZUTATEN FÜR 2 GLÄSER À 500 ML

- 1 Bund Suppengrün
- 2 EL Öl
- 2–3 mittelgroße Zwiebeln
- 800 g Tofu
- Salz
- 1 Glas Gewürzgurken
- je 2 Zweige Dill, Petersilie oder Pimpinelle und Fenchelgrün
- 1 TL Zucker
- 1 TL schwarzer Pfeffer
- 2 getrocknete oder 4–5 frische Lorbeerblätter
- 1 TL Pimentkörner

1. Die geöffneten Einmachgläser mit den dazugehörigen Deckeln in den Backofen stellen und für 60 Minuten bei 100 °C sterilisieren.
2. Zuerst das Suppengrün unter fließendem Wasser waschen, dann putzen und in Stücke schneiden. In der Pfanne mit dem Öl glasig dünsten.
3. Die Zwiebeln häuten und klein schneiden. Anschließend den Tofu würfeln. Die Zwiebeln ebenfalls in die Pfanne geben und alles zusammen anbraten. Nach Geschmack salzen.
4. Den Sud der Gewürzgurken abgießen und auffangen. Danach die Gurken in kleine Würfel schneiden.
5. Jetzt die Kräuter abspülen und trocken tupfen, dann hacken. Die Tofu-Zwiebel-Mischung und die klein gehackten Kräuter kommen nun in eine Schüssel und werden miteinander vermengt. Mit Salz, Zucker und Pfeffer abschmecken.
6. Anschließend wird das Gemisch inklusive der Lorbeerblätter und der Pimentkörner auf die sterilen Gläser verteilt.
7. Mit dem Gurkensud so weit aufgießen, bis alles bedeckt ist. Zum Schluss die Gläser fest verschließen.

Achtung! Sie sollten darauf achten, dass vor dem Verschließen der Gläser die Ränder sauber sind. Der Sud muss immer alle Kräuter bedecken, sonst fangen sie schnell an zu verderben. Nach dem Öffnen im Kühlschrank aufbewahren und schnell verzehren.

Tipp: Am besten schmeckt der eingelegte Tofu zu knusprigen Bratkartoffeln, als Beilage zum Salat oder zu gegrilltem Gemüse.

FALSCHE KAPERN

ZUTATEN FÜR 1 GLAS À 500 ML

- 3 Handvoll Knospen (z. B. Löwenzahn oder Kapuzinerkresse)
- ½ TL Salz
- 150 ml Wasser
- 100 ml Balsamico-Essig
- 2 Lorbeerblätter
- 1 kleine Chilischote
- 1 ½ EL gemischte Pfefferkörner

1. Das geöffnete Einmachglas mit dem dazugehörigen Deckel in den Backofen stellen und für 60 Minuten bei 100 °C sterilisieren.
2. Zuerst die Knospen waschen, dann in leicht gesalzenem Wasser aufkochen lassen.
3. Als Nächstes das Kochwasser abkippen. Die Knospen abtropfen lassen.
4. In der Zwischenzeit den Essig erhitzen. Nun die Knospen, Lorbeerblätter, Chilischote und Pfefferkörner in das sterile Glas füllen.
5. Zum Schluss den Essig hinzufügen. Das Glas fest verschließen.

Achtung! Sie sollten darauf achten, dass vor dem Verschließen des Glases die Ränder sauber sind. Nach dem Öffnen im Kühlschrank aufbewahren und schnell verzehren.

HONIGGURKEN

ZUTATEN FÜR 2 GLÄSER À 750 ML

- 2 kg Salatgurken
- Salz
- 1 walnussgroßes Stück Ingwer
- 2 EL Senfsaat
- 3 Msp. Kurkuma
- 500 g Honig
- 150 ml Zitronensaft
- 400 ml Apfelessig

1. Die geöffneten Einmachgläser mit den dazugehörigen Deckeln in den Backofen stellen und für 60 Minuten bei 100 °C sterilisieren.
2. Tag 1: Zuerst die Gurken schälen und halbieren. Anschließend die Kerne entfernen. Als Nächstes die Gurke in Stücke schneiden. Mit etwas Salz bestreuen und über Nacht ziehen lassen.
3. Tag 2: Für den Sud den Ingwer schälen und hauchdünn hobeln. Mit Senfsaat, Kurkuma, Honig, Zitronensaft und Essig in einen Topf geben. Das Gemisch so lange köcheln, bis sich der Honig aufgelöst hat. Anschließend die Gurkenstücke abtrocknen lassen und auf die sterilen Gläser verteilen. Zum Schluss den Sud dazugeben. Die verschlossenen Gläser nun im Dampfgarer oder im Backofen 45 Minuten bei 90 °C im Wasserbad pasteurisieren.

Achtung! Sie sollten darauf achten, dass vor dem Verschließen der Gläser die Ränder sauber sind. Im Dampfgarer oder Backofen auskühlen lassen. An einem kühlen und dunklen Ort 2 Wochen ziehen lassen.
Nach dem Öffnen im Kühlschrank aufbewahren und schnell verzehren.

INGWER IN HONIG

ZUTATEN FÜR 1 GLAS À 500 ML

1 großes Stück Ingwer
½ unbehandelte Zitrone
500 g Honig
1 Msp. Kurkuma

1. Das geöffnete Einmachglas mit dem dazugehörigen Deckel in den Backofen stellen und für 60 Minuten bei 100 °C sterilisieren.
2. Zuerst den Ingwer schälen und in kleine Stücke oder dünne Scheiben schneiden. Als Nächstes Zitrone inklusive Schale ebenfalls in Stücke oder Scheiben schneiden.
3. Anschließend die Stücke in sterile Glas geben. Den Honig mit dem Kurkumapulver verrühren.
4. Zum Schluss das Gemisch in das Glas gießen. Das Glas fest verschließen.

Achtung! Sie sollten darauf achten, dass vor dem Verschließen des Glases die Ränder sauber sind. An einem kühlen und dunklen Ort 4 Wochen ziehen lassen.
Nach dem Öffnen schnell verzehren.

KNACKIGE GURKENSTICKS

ZUTATEN FÜR 2 GLÄSER À 500 ML

- 1 kg Gürkchen zum Einlegen (je ca. 4–8 cm)
- 2 EL Salz
- 250 ml Weißweinessig
- 2 Bund Dill
- 2 Zweige Estragon
- 2 EL Senfkörner
- 2 EL Zucker
- 1 TL Kurkuma
- 1 mittelgroße Fenchelknolle
- 4 Schalotten

1. Die geöffneten Einmachgläser mit den dazugehörigen Deckeln in den Backofen stellen und für 60 Minuten bei 100 °C sterilisieren.
2. Tag 1: Zuerst die Gürkchen waschen, dann gründlich abbürsten. Anschließend das Salz in 1 ½ l Wasser auflösen. Die Gurken hineinlegen und für 24 Stunden ziehen lassen.
3. Tag 2: Essig mit 500 ml Wasser aufkochen, anschließend abkühlen lassen. In der Zwischenzeit die Gurken aus dem Salzwasser nehmen und in eine Schüssel geben. Jetzt den Essigsud dazugießen. Anschließend die Gurken weitere 12 Stunden ziehen lassen.
4. Danach die Gurken aus dem Sud nehmen. Den Essig mit Dill, Estragon, Senfkörnern, Zucker und Kurkuma aufkochen. Als Nächstes Fenchel und Schalotten klein schneiden. Gurken, Fenchel und Schalotten gleichmäßig in sterile Gläser verteilen. Zum Schluss den Sud darübergießen. Gläser fest verschließen.

Achtung! Sie sollten darauf achten, dass vor dem Verschließen der Gläser die Ränder sauber sind. Nach dem Öffnen im Kühlschrank aufbewahren und schnell verzehren.

Tipp: Am besten schmecken die Knackigen Gurkensticks zur Brotzeit.
Sie passen auch gut aufs Buffet und als kleine Knabberei.
Außerdem verfeinern sie Salate (z. B. Eiersalat oder Kartoffelsalat).

KNOBLAUCH IN ÖL

ZUTATEN FÜR 2 GLÄSER À 500 ML

- je 2 Zweige Zitronenthymian, Oregano und Rosmarin
- je 1 EL Zucker und Salz
- 1 EL bunte Pfefferkörner
- 1 Lorbeerblatt
- 2 TL Kräuter der Provence
- 1 TL Pimentkörner
- je ½ l Weißweinessig und Olivenöl
- ¼ l trockener Weißwein
- 1 kleine Fenchelknolle
- 8 Knoblauchknollen
- 1 rote Peperoni

1. Die geöffneten Einmachgläser mit den dazugehörigen Deckeln in den Backofen stellen und für 60 Minuten bei 100 °C sterilisieren.
2. Zuerst die frischen Kräuter abspülen und trocken tupfen. Als Nächstes die harten Stiele entfernen, dann grob hacken.
3. Anschließend mit Zucker, Salz, Pfeffer, Lorbeer, Kräuter der Provence und Piment mischen. Nun Essig, Öl und Weißwein dazugeben.
4. Den Sud erhitzen und zugedeckt 1 Minute kochen. In der Zwischenzeit den Fenchel klein schneiden. Danach den Knoblauch schälen und beides in den Sud geben. Alles noch einmal 5 Minuten kochen lassen.
5. Fenchel und Knoblauch mit einem Schaumlöffel herausnehmen und und inklusive der roten Peperoni in sterile Gläser füllen. Zum Schluss den Sud darübergießen. Gläser fest verschließen.

Achtung! Sie sollten darauf achten, dass vor dem Verschließen der Gläser die Ränder sauber sind. Nach dem Öffnen im Kühlschrank aufbewahren und schnell verzehren.

Tipp: Am besten schmecken Knoblauchzehen sowie Öl als Verfeinerung von Salaten oder Soßen. Außerdem passen sie gut zu Grillgerichten.

KNOBLAUCH IN WÜRZESSIG EINGELEGT

ZUTATEN FÜR 1 GLAS À 750 ML

- 5 große, frische Knoblauchknollen
- 1 kleine Fenchelknolle
- 4 Zweige Zitronenthymian
- 4 Zweige Oregano
- 4 kleine Lorbeerblätter
- 2 kleine Chilischoten
- 200 ml Sherryessig
- Salz
- 1 EL Zucker
- 2 TL schwarzer Pfeffer
- 100 ml Wasser

1. Das geöffnete Einmachglas mit dem dazugehörigen Deckel in den Backofen stellen und für 60 Minuten bei 100 °C sterilisieren.
2. Zuerst die Knoblauchknollen auseinanderbrechen, die Ansätze abscheiden und dann die einzelnen Zehen von der Haut befreien. Als Nächstes die Knoblauchzehen blanchieren.
3. Den Fenchel waschen und in Streifen schneiden; das Fenchelgrün aber nicht wegwerfen. Die Kräuter waschen und trocken tupfen.
4. Anschließend alles abwechselnd inklusive Lorbeerblätter und Chilischoten ins sterile Glas geben. Sherryessig, Salz, Zucker und Pfeffer so lange mit Wasser aufkochen, bis der Zucker aufgelöst ist. Zum Schluss den Sud darübergießen. Das Glas fest verschließen.

Achtung! Sie sollten darauf achten, dass vor dem Verschließen des Glases die Ränder sauber sind. Den eingelegten Knoblauch mindestens 1 Monat ziehen lassen. Nach dem Öffnen im Kühlschrank aufbewahren und schnell verzehren.

Tipp: Mit Knoblauchzehen und Essigsud können Salate, Soßen und Suppen verfeinert werden. Sie passen auch hervorragend zu pikantem Käse und Grillgerichten.

KÜRBIS MIT ZITRONENTHYMIAN UND WALNÜSSEN

ZUTATEN FÜR 2 GLÄSER À 500 ML

1 kg Butternut-Kürbis
4 Zweige Zitronenthymian
2 EL Honig
Salz, Pfeffer
1 rote Peperoni
50 g Walnusskerne
Rapsöl

1. Die geöffneten Einmachgläser mit den dazugehörigen Deckeln in den Backofen stellen und für 60 Minuten bei 100 °C sterilisieren.
2. Zuerst den Kürbis teilen, die Schale entfernen und dann in Würfel schneiden. Als Nächstes in eine Schüssel geben. Zitronenthymian, Honig, Salz und Pfeffer (nach Geschmack) hinzufügen. Alles miteinander vermengen.
3. Die gewürzten Kürbisstücke auf ein mit Backpapier ausgelegtes Blech geben und im Ofen bei 200 °C Ober-/ Unterhitze ungefähr 10–15 Minuten schmoren lassen.
4. In der Zwischenzeit die Peperoni in Stücke schneiden und die Walnusskerne grob hacken. Die Kürbisstücke sind fertig, sobald sie weicher sind als im Rohzustand. Jedoch sollten sie noch etwas Biss haben. Aus dem Ofen nehmen und abkühlen lassen.
5. Dann auf die sterilen Gläser verteilen. Peperoni und Walnüsse dazugeben. Zum Schluss das Öl darübergießen. Gläser fest verschließen.

Achtung! Sie sollten darauf achten, dass vor dem Verschließen der Gläser die Ränder sauber sind. Nach dem Öffnen im Kühlschrank aufbewahren und schnell verzehren.

KÜRBIS IN ESSIG EINGELEGT

ZUTATEN FÜR 4 GLÄSER À 750 ML

- 1 ½ kg Butternut-Kürbis
- 1 ½ l Weißweinessig
- 400 g Zucker
- 5 Stücke eingelegter Ingwer (siehe Seite 62)
- 1 Stange Zimt
- 1 Gewürznelke

1. Die geöffneten Einmachgläser mit den dazugehörigen Deckeln in den Backofen stellen und für 60 Minuten bei 100 °C sterilisieren.
2. Tag 1: Zuerst den Kürbis teilen, die Schale entfernen und dann in Würfel schneiden. Als Nächstes in eine Schüssel geben. ½ l Essig und so viel Wasser hinzufügen, bis der Kürbis bedeckt ist. Über Nacht ziehen lassen.
3. Tag 2: Das Essigwasser abkippen. 1 l Essig mit Zucker, Ingwer und Gewürzen aufkochen. Anschließend die Kürbiswürfel dazugeben. Nun bei kleiner Flamme so lange kochen lassen, bis der Kürbis glasig ist.
4. Den fertigen Kürbis mit einem Schaumlöffel herausnehmen und in die sterilen Gläser füllen. Zum Schluss den Sud darübergießen. Gläser fest verschließen. Die Gläser nun im Dampfgarer oder im Backofen 45 Minuten bei 90 °C im Wasserbad pasteurisieren.

Achtung! Sie sollten darauf achten, dass vor dem Verschließen der Gläser die Ränder sauber sind. Im Dampfgarer oder Backofen auskühlen lassen. Nach dem Öffnen im Kühlschrank aufbewahren und schnell verzehren.

ROTKOHL IN RAFFINIERTEM GEWÜRZSUD

ZUTATEN FÜR 3–4 GLÄSER À 500 ML

- 1 kg Rotkohl
- 1 ½ TL Salz
- 150 ml Apfelessig
- 2 Lorbeerblätter
- 1 TL Pimentkörner
- 1 TL Korianderkörner
- 1 TL Nelken
- ½ TL schwarze Pfefferkörner
- ½ große zerstoßene Muskatblüte
- 2 mittelgroße Äpfel
- 3 EL brauner Zucker

1. Die geöffneten Einmachgläser mit den dazugehörigen Deckeln in den Backofen stellen und für 60 Minuten bei 100 °C sterilisieren.
2. Tag 1: Zuerst beim Rotkohl die äußeren Blätter entfernen. Als Nächstes den Kohl halbieren und in sehr feine Streifen schneiden oder hobeln. Anschließend in eine Schüssel geben. Mit Salz kräftig durchkneten, danach zugedeckt über Nacht Saft ziehen lassen.
3. Den Essig mit 400 ml Wasser und den Gewürzen aufkochen und ebenfalls über Nacht ziehen lassen.
4. Tag 2: Rotkohl abspülen und abtropfen lassen. In der Zwischenzeit die Äpfel schälen und in Spalten schneiden. Nun den Essig durch eine Filtertüte gießen.
5. Anschließend den Kohl und die Äpfel abwechselnd in die sterilen Gläser schichten. Zum Schluss den Essig mit Zucker aufkochen, ebenfalls in die Gläser füllen. Gläser fest verschließen.

Achtung! Sie sollten darauf achten, dass vor dem Verschließen der Gläser die Ränder sauber sind.
2 Wochen ziehen lassen.
Nach dem Öffnen im Kühlschrank aufbewahren und schnell verzehren.

Tipp: Am besten schmeckt der Rotkohl als Rohkost zu Grillgerichten oder Bratkartoffeln. Er passt auch zu Käse und Tofu.

SAUERKRAUT

ZUTATEN FÜR 2 GLÄSER À 750 ML

- 1 kg Weißkohl
- 20 g Salz
- je 1 TL Kümmel, Nelken, Wacholderbeeren

1. Die geöffneten Einmachgläser mit den dazugehörigen Deckeln in den Backofen stellen und für 60 Minuten bei 100 °C sterilisieren.
2. Zuerst die äußeren Blätter, dann den Stunk vom Kohl entfernen. Als Nächstes den Kohl halbieren und anschließend in Streifen schneiden. In eine große Schüssel geben und salzen. Danach das Kraut so lange kneten, bis sich auf dem Grund der Schüssel eine kleine Pfütze aus Saft gebildet hat.
3. Nun die Gewürze dazugeben. Anschließend den Kohl schichtweise in ein hohes Gefäß füllen. Damit er vollständig bedeckt ist, jede Schicht fest andrücken und die Flüssigkeit aus der Schüssel dazugeben.

Achtung! Sie sollten darauf achten, dass vor dem Verschließen der Gläser die Ränder sauber sind. Kühl aufbewahren und schnell verzehren.

Tipp: Im Glas einen Rand von 2 cm frei lassen, damit das Kraut beim Fermentieren nicht überläuft. Damit keine kleinen Stückchen nach oben schwimmen, das Kraut mit einem Kohlblatt abdecken.
Das Gefäß verschließen und den Inhalt 7 Tage bei Raumtemperatur ziehen lassen. Anschließend das Kraut an einen kühlen Ort stellen. Der Kühlschrank ist dafür der ideale Platz. Nach einer Fermentationszeit von 3 Wochen kann das Sauerkraut in sterile Gläser gefüllt werden. Gläser fest verschließen.

SPARGEL EINMAL ANDERS

ZUTATEN FÜR 2 GLÄSER À 500 ML

- 500 g grüner Spargel
- 200 ml Wasser
- 100 ml Estragon-Zitronen-Pfeffer-Essig (siehe Seite 46)
- 1 TL Salz

1. Die geöffneten Einmachgläser mit den dazugehörigen Deckeln in den Backofen stellen und für 60 Minuten bei 100 °C sterilisieren.
2. Zuerst das untere Drittel des Spargels schälen. Als Nächstes in so große Stücke schneiden, dass er in die Gläser passt.
3. Die Spargelstücke in einen Topf geben und 10 Minuten im Salzwasser garen. Anschließend mit einem Schaumlöffel herausnehmen und abtropfen lassen.
4. Danach hochkant und dicht an dicht auf die sterilen Gläser verteilen. Zum Schluss den Estragon-Zitronen-Pfeffer-Essig erhitzen und darübergießen. Gläser fest verschließen.

Achtung! Sie sollten darauf achten, dass vor dem Verschließen der Gläser die Ränder sauber sind. Nach dem Öffnen schnell verzehren.

TOMATEN IN ÖL

ZUTATEN FÜR 3–4 GLÄSER À 500 ML

- 3 kg Tomaten
- 3 EL Zucker
- 6 EL Salz
- je 2 Zweige Zitronenthymian und Oregano
- 1 Zweig Rosmarin
- 400 ml Rapsöl

1. Die geöffneten Einmachgläser mit den dazugehörigen Deckeln in den Backofen stellen und für 60 Minuten bei 100 °C sterilisieren.
2. Zuerst die Tomaten waschen und trocken tupfen. Als Nächstes halbieren und auf den Backofenrost legen.
3. Zucker und Salz darüberstreuen und den Rost mit einem Blech (zum Auffangen der Flüssigkeit) in den Ofen schieben. Die Tomaten bei niedriger Hitze 20 Stunden trocknen. Dabei bleibt die Ofentür einen kleinen Spalt offen.
4. Anschließend die getrockneten Tomaten und die Kräuter in sterile Gläser füllen. Zum Schluss das Öl darübergießen. Gläser fest verschließen.

Achtung! Sie sollten darauf achten, dass vor dem Verschließen der Gläser die Ränder sauber sind. Nach dem Öffnen schnell verzehren.

WÜRZEIER NACH DDR-ART

ZUTATEN FÜR 2 GLÄSER À 2 L

- 30 Eier
- 2 TL Pimentkörner
- 2 TL Pfefferkörner
- 1 walnussgroßes Stück Ingwer
- 2 TL Salz
- ½ l Weißweinessig

1. Die geöffneten Einmachgläser mit den dazugehörigen Deckeln in den Backofen stellen und für 60 Minuten bei 100 °C sterilisieren.
2. Zuerst die Eier so lange kochen, bis sie hart sind. Die Gewürze im Mörser zerstoßen.
3. Danach den Ingwer schälen und klein schneiden. Jetzt Ingwer, Gewürze und Salz mit dem Essig in einen Topf geben und alles 30 Minuten kochen lassen.
4. Anschließend das Gemisch abkühlen und 2–3 Stunden durchziehen lassen.
5. In der Zwischenzeit die Eier schälen, dann in die sterilen Gläser schichten.
6. Zum Schluss den Sud so weit darübergießen, bis die Eier ganz bedeckt sind. Die Gläser fest verschließen und 4 Wochen an einen dunklen Ort stellen.

Achtung! Sie sollten darauf achten, dass vor dem Verschließen der Gläser die Ränder sauber sind. Nach dem Öffnen im Kühlschrank aufbewahren und schnell verzehren.

Tipp: Die Würzeier eignen sich hervorragend für ein herzhaftes Frühstück oder fürs Büfett. Sie passen auch zu Grillgerichten und geben Salaten den besonderen Pfiff (z. B. Kartoffelsalat, Gemüsesalat oder Blattsalat).

ZUCCHINI IN ÖL

ZUTATEN FÜR 2 GLÄSER À 750 ML

6 mittelgroße Zucchini
Salz
1–2 Zweige Rosmarin
1 l Gepfeffertes Kräuteröl (siehe Seite 36)

1. Die geöffneten Einmachgläser mit den dazugehörigen Deckeln in den Backofen stellen und für 60 Minuten bei 100 °C sterilisieren.
2. Zuerst die Zucchini in 2 cm dicke Scheiben schneiden. Als Nächstes beidseitig in der Pfanne mit etwas Öl anbraten.
3. Die Zucchinischeiben salzen und mit den Rosmarinzweigen auf die sterilen Gläser verteilen. Zum Schluss das Gepfefferte Kräuteröl darübergießen. Gläser fest verschließen.

Achtung! Sie sollten darauf achten, dass vor dem Verschließen der Gläser die Ränder sauber sind. Nach dem Öffnen im Kühlschrank aufbewahren und schnell verzehren.

ZWIEBELN IN KRÄUTERESSIG

ZUTATEN FÜR 1 GLAS À 750 ML

6 rote Zwiebeln
2 Lorbeerblätter
10 schwarze Pfefferkörner
300 ml Wasser
1 EL Salz
2 EL Zucker
60 ml Estragon-Zitronen-Pfeffer-Essig (siehe Seite 46)

1. Das geöffnete Einmachglas mit dem dazugehörigen Deckel in den Backofen stellen und für 60 Minuten bei 100 °C sterilisieren.
2. Zuerst die Zwiebeln schälen, dann in Ringe schneiden und in das sterile Glas geben. Lorbeerblätter und Pfefferkörner ebenfalls hinzufügen.
3. Wasser, Salz und Zucker in einem Topf aufkochen. Den Essig hinzufügen. Nachdem sich Salz und Zucker vollständig aufgelöst haben, den Sud in das Glas gießen. Das Glas fest verschließen.

Achtung! Sie sollten darauf achten, dass vor dem Verschließen des Glases die Ränder sauber sind. Nach dem Öffnen im Kühlschrank aufbewahren und schnell verzehren.

ZIEGENKÄSE IN KRÄUTERÖL

ZUTATEN FÜR 2 GLÄSER À 750 ML

6–8 kleine Ziegenkäse
600 ml Gepfeffertes Kräuteröl (siehe Seite 36)

1. Die geöffneten Einmachgläser mit den dazugehörigen Deckeln in den Backofen stellen und für 60 Minuten bei 100 °C sterilisieren.
2. Zuerst den Ziegenkäse auf die sterilen Gläser verteilen. Anschließend das Gepfefferte Kräuteröl darübergießen. Gläser fest verschließen.

Achtung! Sie sollten darauf achten, dass vor dem Verschließen der Gläser die Ränder sauber sind. Nach dem Öffnen im Kühlschrank aufbewahren und schnell verzehren.

EINGELEGTES OBST

Genauso wie Gemüse kann auch Obst mithilfe von Essig, Öl und Salz konserviert werden. Bereits zu Omas Zeiten wurde auf diese Art Obst eingemacht. So konnten die saisonalen Köstlichkeiten dann auch noch an kalten Tagen genossen werden.

BIRNE IM GEWÜRZSUD

ZUTATEN FÜR 2 GLÄSER À 750 ML

- 1 ½ kg reife Birnen
- 15 g frischer Ingwer
- 450 ml Weißwein
- 90 ml Apfelessig
- 250 g Kandiszucker
- 1 TL Vanillepulver
- 2 Zweige Zitronenmelisse
- Saft von ½ unbehandelten Zitrone
- 5 Kardamomkapseln
- 3 Sternanis
- 1 Zimtstange

1. Die geöffneten Einmachgläser mit den dazugehörigen Deckeln in den Backofen stellen und für 60 Minuten bei 100 °C sterilisieren.
2. Zuerst die Birnen schälen und vierteln. Als Nächstes das Gehäuse herausschneiden. Vom Ingwer erst die Schale entfernen, dann in feine Scheiben schneiden.
3. Den Ingwer mit Wein, Essig, Kandis, Vanillepulver, Zitronenmelisse, Zitronensaft und Gewürzen in einen Topf geben und aufkochen lassen. Anschließend die Birnenviertel hinzufügen, danach alles zusammen ein weiteres Mal aufkochen.
4. Nun die Birnenviertel auf die sterilen Gläser verteilen. Zum Schluss den Sud darübergießen. Gläser fest verschließen.

Achtung! Sie sollten darauf achten, dass vor dem Verschließen der Gläser die Ränder sauber sind. An einem kühlen und dunklen Ort 2–3 Wochen ziehen lassen.
Nach dem Öffnen schnell verzehren.

WALNÜSSE IN HONIG

ZUTATEN FÜR 2 GLÄSER À 500 ML

400 g Walnüsse
1 kleiner Strauß Zitronenthymian
500 g Honig
Saft von ½ unbehandelten Zitrone

1. Die geöffneten Einmachgläser mit den dazugehörigen Deckeln in den Backofen stellen und für 60 Minuten bei 100 °C sterilisieren.
2. Zuerst die Walnüsse von der Schale befreien und grob hacken. Danach in einer trockenen Pfanne anrösten und beiseite stellen, damit sie abkühlen können.
3. In der Zwischenzeit den Zitronenthymian spülen und sorgfältig trocken tupfen. Anschließend die Walnüsse und den Zitronenthymian auf die sterilen Gläser verteilen. Honig und Zitronensaft miteinander verrühren.
4. Zum Schluss das Gemisch in die Gläser gießen. Gläser fest verschließen.

Achtung! Sie sollten darauf achten, dass vor dem Verschließen der Gläser die Ränder sauber sind. An einem kühlen und dunklen Ort 2 Wochen ziehen lassen. Nach dem Öffnen schnell verzehren.

GEPFEFFERTE APFELRINGE

ZUTATEN FÜR 3 GLÄSER À 750 ML

- 1 kg süß-säuerliche Äpfel (z. B. Cox Orange, Jonagold, Granny Smith)
- 1 milde Peperoni
- 500 g grüne Paprikaschoten
- 2 TL Wacholderbeeren
- 1 l Apfelessig
- 1 EL Pfefferkörner
- 150 g Zucker
- 4 TL Salz

1. Die geöffneten Einmachgläser mit den dazugehörigen Deckeln in den Backofen stellen und für 60 Minuten bei 100 °C sterilisieren.
2. Zuerst die Äpfel schälen, dann mit einem Apfelausstecher das Kerngehäuse entfernen. Als Nächstes die Äpfel in Ringe schneiden. Peperoni sowie Paprikaschoten waschen und putzen. Danach in gleichmäßige Streifen schneiden.
3. Apfelringe, Paprika- und Peperonistreifen abwechselnd in sterile Gläser geben. Anschließend die Wacholderbeeren darauf verteilen.
4. Den Essig in einen Topf füllen und mit Pfeffer, Zucker und Salz aufkochen. Zum Schluss den Sud darübergießen. Gläser fest verschließen und zum Durchziehen für 2–3 Wochen an einen kühlen Ort stellen.

Achtung! Sie sollten darauf achten, dass vor dem Verschließen der Gläser die Ränder sauber sind. Nach dem Öffnen im Kühlschrank aufbewahren und schnell verzehren.

Tipp: Am besten schmecken die Apfelringe als Kompott, zu Waffeln, Vanillepudding, Eierkuchen und Eis. Sie passen auch gut zu Käse und geben Salaten den richtigen Pfiff (z. B. Obstsalat oder Blattsalat).

SALZZITRONEN

ZUTATEN FÜR 2 GLÄSER À 750 ML

10 unbehandelte Zitronen
300 g grobes Meersalz
50 ml Rapsöl

1. Die geöffneten Einmachgläser mit den dazugehörigen Deckeln in den Backofen stellen und für 60 Minuten bei 100 °C sterilisieren.
2. Zuerst die Zitronen heiß abwaschen, dann trocken tupfen. Als Nächstes die Früchte der Länge und Breite nach einschneiden, sodass sie wie Blüten aussehen. Auf die Schnittstellen Salz geben.
3. Anschließend die Zitronen in sterile Gläser schichten. Dabei die Früchte kräftig nach unten drücken, damit sie gequetscht werden. Danach die Gläser verschließen.
4. Nach einigen Tagen sollten die Zitronen vollständig mit Saft bedeckt sein. Jetzt die Gläser kräftig durchschütteln.
5. Anschließend öffnen und das Öl auf die Oberfläche gießen. Die Gläser erneut verschließen und (ohne sie zu schütteln) an einen dunklen Ort stellen. Hier bleiben sie für 3 Wochen.

Achtung! Sie sollten darauf achten, dass vor dem Verschließen der Gläser die Ränder sauber sind.
Bei Bedarf die Zitronen einzeln entnehmen und gut abspülen.
Das Fruchtfleisch entfernen und die Schale in Streifen schneiden.
Kühl aufbewahren und schnell verzehren.

RUM-PFIRSICHE

ZUTATEN FÜR 2 GLÄSER À 750 ML

- 8 reife Pfirsiche
- Saft von 1 unbehandelten Zitrone
- 350 g Zucker
- 2 EL Wasser
- 1 Flasche Rum

1. Die geöffneten Einmachgläser mit den dazugehörigen Deckeln in den Backofen stellen und für 60 Minuten bei 100 °C sterilisieren.
2. Zuerst die Pfirsiche mit heißem Wasser abbrühen, damit sich die Haut besser abziehen lässt. Als Nächstes die Früchte entkernen und halbieren. Die Hälften mit dem Zitronensaft beträufeln, um ein Anlaufen zu verhindern.
3. Nun 250 g Zucker mit dem Wasser in einen Topf geben. Bei niedriger Hitze und ständigem Rühren den Zucker auflösen.
4. Anschließend einen hellen Karamell zubereiten. Dafür das Zuckerwasser kurz bei starker Hitze einkochen. Damit nichts anbrennt, den Topf im Auge behalten! Danach die Masse abkühlen lassen.
5. In der Zwischenzeit die sterilen Gläser bereitstellen. Als Nächstes die Pfirsichstücke erst im Sirup wenden, dann in die Gläser schichten. Im nächsten Schritt den restlichen Zucker und den Rum zum Sirup in den Topf geben.
6. Ein weiteres Mal den Zucker bei niedriger Hitze und unter ständigem Rühren auflösen.
7. Zum Schluss das Rum-Zucker-Gemisch auf die Pfirsiche gießen. Die Früchte müssen bedeckt sein! Gläser fest verschließen.

Achtung! Sie sollten darauf achten, dass vor dem Verschließen der Gläser die Ränder sauber sind.
4 Wochen ziehen lassen.
Nach dem Öffnen im Kühlschrank aufbewahren und schnell verzehren.

ZIMTPFLAUMEN

ZUTATEN FÜR 3 GLÄSER À 500 ML

- 1 ½ kg Pflaumen
- 600 ml Wasser
- 200 g Zucker
- 2 Sternanis
- 3 Zimtstangen
- 2 TL Vanillepulver

1. Die geöffneten Einmachgläser mit den dazugehörigen Deckeln in den Backofen stellen und für 60 Minuten bei 100 °C sterilisieren.
2. Zuerst die Pflaumen waschen, halbieren und entsteinen. Wasser, Zucker, Gewürze und Vanillepulver in einen Topf geben. Alles unter ständigem Rühren so lange kochen, bis sich der Zucker aufgelöst hat.
3. Anschließend die Pflaumen auf die sterilen Gläser verteilen. Zum Schluss den Gewürzsirup dazugießen. Gläser fest verschließen.
4. Die Gläser nun im Dampfgarer oder im Backofen 45 Minuten bei 90 °C im Wasserbad pasteurisieren.

Achtung! Sie sollten darauf achten, dass vor dem Verschließen der Gläser die Ränder sauber sind. Im Dampfgarer oder Backofen auskühlen lassen. Nach dem Öffnen im Kühlschrank aufbewahren und schnell verzehren.

Tipp: Am besten schmecken die Zimtpflaumen als Kompott, zu Pfannkuchen, Waffeln, Vanillepudding, Eierkuchen und Eis.

SÜSS-SAUER EINGELEGTE KIRSCHEN

ZUTATEN FÜR 2 GLÄSER À 750 ML

- 1 kg Herzkirschen oder Schattenmorellen
- 1 walnussgroßes Stück Ingwer
- 300 ml guter Rotweinessig
- 400 g Zucker
- 1 TL Vanillepulver
- 3 Gewürznelken
- 1 Zimtstange

1. Die geöffneten Einmachgläser mit den dazugehörigen Deckeln in den Backofen stellen und für 60 Minuten bei 100 °C sterilisieren.
2. Zuerst die Kirschen waschen, entstielen und entsteinen. Als Nächstes den Ingwer schälen und im Mörser zerdrücken.
3. Anschließend Essig, Zucker, Vanillepulver und Gewürze in einen Topf geben. Alles unter ständigem Rühren so lange kochen, bis sich der Zucker aufgelöst hat. Jetzt die Kirschen hinzufügen. Bei schwacher Hitze im Essigsud weiterköcheln lassen, bis das Obst weich ist.
4. Anschließend die Kirschen herausnehmen und abtropfen lassen. Der Essigsud kocht ohne Deckel in der Zwischenzeit zu einem Sirup ein.
5. Jetzt die Kirschen mithilfe eines Trichters in sterile Gläser füllen. Zum Schluss den Sirup ohne Gewürze dazugießen. Gläser fest verschließen.

Achtung! Sie sollten darauf achten, dass vor dem Verschließen der Gläser die Ränder sauber sind. An einem kühlen und dunklen Ort 2 Wochen ziehen lassen. Nach dem Öffnen im Kühlschrank aufbewahren und schnell verzehren.

Tipp: Am besten schmecken die Kirschen als Kompott, zu Waffeln, Eierkuchen, Vanillepudding und Eis. Sie passen auch gut zu Käse.

PASTEN UND PESTO

Pesto (pestare) kommt aus dem Italienischen. Es bedeutet »zerrieben oder zerstampft«. Hierbei handelt sich um eine ungekochte Paste, die nur weniger Handgriffe bedarf. In hübschen Gläsern sind Pasten und Pesto ein schönes Geschenk aus der Küche.

AIVAR

ZUTATEN FÜR
4 GLÄSER À 250 ML

500 g rote Paprikaschoten
500 g Auberginen
1 milde Peperoni
2 TL Weinessig (siehe Seite 33)
1 ½ TL mildes Paprikapulver
1 TL Salz
½ TL Zucker
100 ml Rapsöl
Pfeffer und Salz
Öl zum Bedecken der Masse

1. Die geöffneten Einmachgläser mit den dazugehörigen Deckeln in den Backofen stellen und für 60 Minuten bei 100 °C sterilisieren.
2. Zuerst den Backofen auf 250 °C Ober-/Unterhitze vorheizen. Als Nächstes Paprika und Auberginen kalt abwaschen, auf ein Backblech legen und in den Ofen schieben. Die Paprikaschoten nach 20 Minuten vom Blech nehmen. Die Auberginen backen 20 Minuten weiter.
3. Jetzt rasch die Paprikaschoten kalt abspülen, damit sie sich besser häuten lassen. Anschließend die Schoten von Stielen und Kernen befreien und grob hacken.
4. Die Auberginen ebenfalls abschrecken, häuten und klein hacken. Gemüse, Peperoni in eine Schüssel geben. Alles pürieren, dann Essig, Paprikapulver, Salz und Zucker untermischen. Als Nächstes langsam das Öl hinzufügen. Mit Pfeffer und Salz abschmecken.
5. Das Aivar mithilfe eines Trichters in die sterilen Gläser füllen. Vor dem Schließen das Glas einige Male auf die Arbeitsplatte klopfen, damit eventuelle Hohlräume geschlossen werden. Zum Schluss die Masse mit einer Schicht Öl bedecken.

Achtung! Verzichten Sie nicht auf das Klopfen, weil eingeschlossene Luftblasen in der Masse den Verderb beschleunigen können. Achten Sie darauf, dass vor dem Verschließen der Gläser die Ränder sauber sind. Nach dem Öffnen im Kühlschrank aufbewahren und schnell verzehren.

Tipp: Am besten schmeckt Aivar als Dip zu Grillgerichten und zu Käse. Es verleiht herzhaften Suppen und Soßen eine aparte Note.

NUSSPASTE

ZUTATEN FÜR 2 GLÄSER À 250 ML

40 g Haselnüsse
40 g Walnüsse
1 Bund Petersilie
70 g schwarze Oliven
60 ml selbst gemachte Gemüsebrühe
2 EL Aivar (siehe Seite 100)
3 EL Sojajoghurt (oder ein anderer Joghurt)
Salz, Pfeffer
etwas Öl

1. Die geöffneten Einmachgläser mit den dazugehörigen Deckeln in den Backofen stellen und für 60 Minuten bei 100 °C sterilisieren.
2. Zuerst die Hasel- und Walnüsse grob hacken. Als Nächstes die Petersilie abspülen, trocken tupfen und die Blätter abzupfen. Anschließend die Oliven halbieren und entkernen. Petersilienblätter und Oliven grob klein schneiden.
3. Mit Brühe, Aivar und Joghurt in eine Schüssel geben. Alles gut miteinander verrühren. Mit Salz und Pfeffer abschmecken. Honig dazugeben, dann noch einmal alles vermengen.
4. Die Paste mithilfe eines Trichters in die sterilen Gläser füllen. Vor dem Schließen das Glas einige Male auf die Arbeitsplatte klopfen, damit eventuelle Hohlräume geschlossen werden. Zum Schluss die Masse mit einer Schicht Öl bedecken.

Achtung! Auf das Klopfen sollten Sie nicht verzichten, weil eingeschlossene Luftblasen in der Masse den Verderb beschleunigen können. Auch sollten Sie darauf achten, dass vor dem Verschließen der Gläser die Ränder sauber sind. Im Kühlschrank aufbewahren und schnell verzehren.

Tipp: Am besten schmeckt die Nusspaste als Brotaufstrich, Dip und zu Kartoffelpuffer. Sie eignet sich auch als Füllung von Eiern oder Gemüse.

KÖSTLICHE ZWIEBELPASTE

ZUTATEN FÜR 2 GLÄSER À 250 ML

600 g Zwiebeln
Öl zum Anbraten
3 EL Tomatenmark
50 ml Sherry
75 ml selbst gemachte Gemüsebrühe
Salz, Pfeffer
1 EL Sojasoße
Öl zum Bedecken der Masse

1. Die geöffneten Einmachgläser mit den dazugehörigen Deckeln in den Backofen stellen und für 60 Minuten bei 100 °C sterilisieren.
2. Zuerst die Zwiebeln schälen, dann achteln. Öl in einer Pfanne erhitzen, die Zwieben zugeben und so lange anbraten, bis sie leicht glasig werden.
3. Tomatenmark, Sherry und Brühe hinzufügen. Anschließend mit Salz und Pfeffer abschmecken. Alles bei kleiner Hitze so lange köcheln, bis die Zwiebeln weich sind und die Flüssigkeit verkocht ist.
4. Die Zwiebelmasse abkühlen lassen. Danach zu einer glatten Paste pürieren. Mit Sojasoße abschmecken.
5. Die Zwiebelpaste mithilfe eines Trichters in die sterilen Gläser füllen. Vor dem Schließen das Glas einige Male auf die Arbeitsplatte klopfen, damit eventuelle Hohlräume geschlossen werden. Zum Schluss die Masse mit einer Schicht Öl bedecken.

Achtung! Auf das Klopfen sollten Sie nicht verzichten, weil eingeschlossene Luftblasen in der Masse den Verderb beschleunigen können. Auch sollten Sie darauf achten, dass vor dem Verschließen der Gläser die Ränder sauber sind. Nach dem Öffnen im Kühlschrank aufbewahren und schnell verzehren.

Tipp: Die Zwiebelpaste ist als Hausmittel bei Erkältungskrankheiten altbewährt. Bei Zimmertemperatur serviert, schmeckt sie zu Bratkartoffeln, Kartoffelpuffer, Ofenkartoffeln, Käse, Eiern und als Brotaufstrich.

ESTRAGON-PESTO

ZUTATEN FÜR 2 GLÄSER À 250 ML

- 100 g Estragon
- 50 g Mandeln
- 1 kleine Chilischote
- 60 g veganer Parmesan (Rezept siehe unten)
- 100–150 ml Rapsöl
- Saft von ½ unbehandelten Zitrone
- Salz, Pfeffer
- Öl zum Bedecken der Masse

1. Die geöffneten Einmachgläser mit den dazugehörigen Deckeln in den Backofen stellen und für 60 Minuten bei 100 °C sterilisieren.
2. Zuerst den Estragon abspülen. Als Nächstes die Blätter von den Stielen entfernen. Die Blätter zerkleinern und in ein hohes Gefäß geben.
3. Anschließend die Mandeln trocken in einer Pfanne rösten, bis sie rundum goldbraun sind und duften. Die Chilischote putzen und waschen, dann fein schneiden.
4. Nun alles zusammen mit dem Parmesan in ein hohes Gefäß geben und mit einem Stabmixer pürieren. Nach und nach das Öl dazugießen. Anschließend den Saft der halben Zitrone hinzufügen. Mit Salz und Pfeffer abschmecken.
5. Das Pesto mithilfe eines Trichters in die sterilen Gläser füllen. Vor dem Schließen das Glas einige Male auf die Arbeitsplatte klopfen, damit eventuelle Hohlräume geschlossen werden. Zum Schluss die Masse mit einer Schicht Öl bedecken.

VEGANER PARMESAN

ZUTATEN FÜR CA. 110 G

- 100 g Cashewnüsse
- 2 EL Hefeflocken
- 1 TL Salz
- 1 Prise Peffer
- 1 Prise Muskatnuss

Cashewnüsse vorsichtig mit einem Messer hacken und dann zusammen mit den Hefeflocken in einen Mixer geben. Gut vermengen. Anschließend Salz sowie Pfeffer und Muskatnuss hinzugeben und vermengen, bis sich ein gleichmäßiger Parmesan-Ersatz gebildet hat.

Tipp: Der vegane Käseersatz schmeckt nicht nur auf Nudeln oder einem Risotto gut. Er passt auch hervorragend auf Salat oder Gemüse.

Achtung! Trocken lagern und frisch genießen.

KÜRBISKERN-CHILI-PESTO

ZUTATEN FÜR 2 GLÄSER À 250 ML

je ein Bund Petersilie und Basilikum
100 g Kürbiskerne
½ kleiner Fenchel
50 ml Kürbiskernöl
Saft von 1 unbehandelten Zitrone
150 ml Rapsöl
2 rote Chilischoten
50 g geriebene Mandeln
Pfeffer, Salz
Kürbiskernöl zum Bedecken der Masse

1. Die geöffneten Einmachgläser mit den dazugehörigen Deckeln in den Backofen stellen und für 60 Minuten bei 100 °C sterilisieren.
2. Zuerst die Kräuter abspülen, dann trocken tupfen. Als Nächstes die Blätter von den Stielen zupfen. Nun die Kürbiskerne in einer Pfanne ohne Fett bei mittlerer Hitze rösten, bis sie zu duften beginnen. Anschließend abkühlen lassen.
3. In der Zwischenzeit den Fenchel schälen und in kleine Würfel schneiden. In einer Pfanne mit etwas Rapsöl glasig dünsten und ebenfalls zum Auskühlen beiseitestellen. Kräuter, Kerne und Zitronensaft in ein hohes Gefäß geben und mit dem Mixer pürieren. Nach und nach das Öl hinzufügen.
4. Die Chilischoten putzen und klein schneiden. Anschließend zusammen mit dem Fenchel sowie den Mandeln unter die Kräutermasse heben. Mit Salz und Pfeffer abschmecken.
5. Das Pesto mithilfe eines Trichters in die sterilen Gläser füllen. Vor dem Schließen das Glas einige Male auf die Arbeitsplatte klopfen, damit eventuelle Hohlräume geschlossen werden. Zum Schluss die Masse mit einer Schicht Kürbiskernöl bedecken.

Achtung! Verzichten Sie nicht auf das Klopfen, weil eingeschlossene Luftblasen in der Masse den Verderb beschleunigen können.
Wichtig ist auch, dass die Glasränder vor dem Verschließen sauber sind.
Nach dem Öffnen im Kühlschrank aufbewahren und schnell verzehren.

Tipp: Am besten schmeckt das Pesto als Brotaufstrich, zu Nudeln, Gnocchi, Käse, Salat, Suppe, Kartoffelpuffer, Tomaten mit Mozzarella oder herzhaften Eierspeisen.

MILDE CURRYWÜRZPASTE

ZUTATEN FÜR 2–3 GLÄSER À 250 ML

- je 4 EL Koriander-, Kardamom-, Kreuzkümmel- und Fenchelsamen
- 2 EL schwarze Pfefferkörner
- 1 TL Gewürznelke
- 2 Zimtstangen
- 2½ EL Kurkumapulver
- 5 milde grüne Peperoni
- 10 g frischer Ingwer
- 2 Zwiebeln
- 5 EL Zitronensaft
- 2 EL Honig
- 10 EL Rapsöl
- Öl zum Bedecken der Masse

1. Die geöffneten Einmachgläser mit den dazugehörigen Deckeln in den Backofen stellen und für 60 Minuten bei 100 °C sterilisieren.
2. Zuerst Gewürzsamen und -körner, Nelken und Zimt 15 Minuten ohne Fett bei mittlerer Hitze rösten. Anschließend erkalten lassen. Als Nächstes alles mit dem Kurkuma in ein hohes Gefäß geben und mit dem Mixstab pürieren.
3. Die Peperoni 15 Minuten bei 250 °C Ober-/Unterhitze im Ofen (auf mittlerer Schiene) backen. Um sie besser häuten zu können, für 5 Minuten mit einem nassem Tuch abdecken. Anschließend die Peperoni klein schneiden.
4. Den Ingwer und die Zwiebeln im Mixer pürieren. Danach das Püree in 4 EL Öl 5 Minuten anbraten, bis die Flüssigkeit verdampft ist. Nun das Püree erkalten lassen. Als Nächstes Zitronensaft, Honig und 6 EL Öl unter die Masse mischen und abschmecken.
5. Die Currywürzpaste mithilfe eines Trichters in die sterilen Gläser füllen. Vor dem Schließen das Glas einige Male auf die Arbeitsplatte klopfen, damit eventuelle Hohlräume geschlossen werden. Zum Schluss die Masse mit einer Schicht Öl bedecken.

Achtung! Auf das Klopfen sollten Sie nicht verzichten, weil eingeschlossene Luftblasen in der Masse den Verderb beschleunigen können. Auch sollten Sie darauf achten, dass vor dem Verschließen der Gläser die Ränder sauber sind. Nach dem Öffnen im Kühlschrank aufbewahren und schnell verzehren.

Tipp: Am besten schmeckt die milde Currywürzpaste zu Blumenkohl, Ei oder Reis. Zum Verfeinern von Suppen und Soßen eignet sie sich auch hervorragend.

OLIVENPASTE

ZUTATEN FÜR 2 GLÄSER À 250 ML

250 g entsteinte grüne Oliven
1 Dose Tunfischfilet (im eigenen Saft)
3 in Öl eingelegte Anchovis-Filets
½ rote oder orange Paprikaschote
2 EL Zitronensaft
schwarzer Pfeffer aus der Mühle
5 EL Öl

1. Die geöffneten Einmachgläser mit den dazugehörigen Deckeln in den Backofen stellen und für 60 Minuten bei 100 °C sterilisieren.
2. Zuerst die Oliven waschen, halbieren und gegebenenfalls entsteinen. Als Nächstes Tunfisch und Anchovis abtropfen lassen. In ein hohes Gefäß geben.
3. Die Paprikahälfte waschen, entkernen und in Stücke schneiden. Ebenfalls in das Gefäß geben. Alles mit einem Blitzhacker fein zerkleinern oder mit einem Stabmixer pürieren. Mit Zitronensaft und Pfeffer abschmecken.
4. Die Paste mithilfe eines Trichters in die sterilen Gläser füllen. Vor dem Schließen das Glas einige Male auf die Arbeitsplatte klopfen, damit eventuelle Hohlräume geschlossen werden. Zum Schluss die Masse mit einer Schicht Öl bedecken.

Achtung! Auf das Klopfen sollten Sie nicht verzichten, weil eingeschlossene Luftblasen in der Masse den Verderb beschleunigen können. Auch sollten Sie darauf achten, dass vor dem Verschließen der Gläser die Ränder sauber sind. Nach dem Öffnen im Kühlschrank aufbewahren und schnell verzehren.

Tipp: Die Olivenpaste schmeckt als Brotaufstrich, zu Nudeln, Käse, mit Frischkäse vermischt oder als Dip.

SAUERAMPFER-ZITRONENTHYMIAN-PESTO

ZUTATEN FÜR 2 GLÄSER À 250 ML

70 g Sauerampfer
30 g Zitronenthymian
50 g Mandeln
1 kleine Chilischote
150 ml Rapsöl
Salz, Pfeffer
Öl zum Bedecken der Masse

1. Die geöffneten Einmachgläser mit den dazugehörigen Deckeln in den Backofen stellen und für 60 Minuten bei 100 °C sterilisieren.
2. Zuerst die Kräuter abspülen, dann die harten Stielansätze entfernen. Grob zerkleinern und in ein hohes Gefäß geben. Die Mandeln trocken in einer Pfanne rösten, bis sie rundum goldbraun sind und duften.
3. Anschließend die Chilischote putzen und fein schneiden. Alles in das hohe Gefäß geben und mit einem Stabmixer pürieren. Dabei nach und nach das Öl dazugießen. Mit Salz und Pfeffer abschmecken.
4. Das Pesto mithilfe eines Trichters in die sterilen Gläser füllen. Vor dem Schließen das Glas einige Male auf die Arbeitsplatte klopfen, damit eventuelle Hohlräume geschlossen werden. Zum Schluss die Masse mit einer Schicht Öl bedecken.

Achtung! Auf das Klopfen sollten Sie nicht verzichten, weil eingeschlossene Luftblasen in der Masse den Verderb beschleunigen können. Auch sollten Sie darauf achten, dass vor dem Verschließen der Gläser die Ränder sauber sind. Nach dem Öffnen im Kühlschrank aufbewahren und schnell verzehren.

Tipp: Das Sauerampfer-Zitronenthymian-Pesto schmeckt als Brotaufstrich, zu Nudeln, Gnocchi, Käse, Salat, Suppe, Kartoffelpuffer, Tomaten mit Mozzarella, herzhaften Eierspeisen und vielem mehr.

SALBEI-PESTO

ZUTATEN FÜR 2–3 GLÄSER À 250 ML

- 80 g frischer Salbei
- 50 g Mandeln
- 1 Chilischote
- 20 g veganer Parmesan (siehe Seite 104)
- 1 TL Agavendicksaft
- Saft von ½ unbehandelten Zitrone
- 500 ml Rapsöl
- Pfeffer und Salz
- Öl zum Bedecken der Masse

1. Die geöffneten Einmachgläser mit den dazugehörigen Deckeln in den Backofen stellen und für 60 Minuten bei 100 °C sterilisieren.
2. Zuerst den Salbei abspülen, dann die harten Stielansätze entfernen. Grob zerkleinern und in ein hohes Gefäß geben.
3. Die Mandeln trocken in einer Pfanne rösten, bis sie rundum goldbraun sind und duften. Anschließend die Chilischote putzen und fein schneiden.
4. Nun zusammen mit Parmesan und Agavendicksaft in das hohe Gefäß geben und mit einem Stabmixer pürieren. Dabei nach und nach Zitronensaft und Öl dazugießen. Mit Salz und Pfeffer abschmecken.
5. Das Pesto mithilfe eines Trichters in die sterilen Gläser füllen. Vor dem Schließen das Glas einige Male auf die Arbeitsplatte klopfen, damit eventuelle Hohlräume geschlossen werden. Zum Schluss die Masse mit einer Schicht Öl bedecken.

Achtung! Auf das Klopfen sollten Sie nicht verzichten, weil eingeschlossene Luftblasen in der Masse den Verderb beschleunigen können. Auch sollten Sie darauf achten, dass vor dem Verschließen der Gläser die Ränder sauber sind. Nach dem Öffnen im Kühlschrank aufbewahren und schnell verzehren. Pesto mit frischem Parmesan hält nicht so lange wie mit getrocknetem Parmesan

Tipp: Das Salbei-Pesto schmeckt am besten zu Obst, als Brotaufstrich, zu Nudeln oder Käse.

ZUCCHINI-PAPRIKA-PASTE

ZUTATEN FÜR 2 GLÄSER À 250 ML

- 2 kleine Zucchini
- Salz
- 4 EL Sonnenblumenöl
- 1 Handvoll Kerne (z. B. Sonnenblumen-, Kürbis- und Pinienkerne)
- Saft von ½ unbehandelten Zitrone
- ½ kleine Chilischote
- ¼ Paprikaschote
- 2 EL Pimpinelle oder Petersilie, gehackt
- schwarzer Pfeffer aus der Mühle

1. Die geöffneten Einmachgläser mit den dazugehörigen Deckeln in den Backofen stellen und für 60 Minuten bei 100 °C sterilisieren.
2. Zuerst die Zucchini waschen, dann die Enden entfernen. In Stücke schneiden und in einen Topf gegeben. In etwas Salzwasser weich kochen.
3. Als Nächstes Paprika und Chilischote putzen und in Stücke schneiden.
4. Anschließend alle Zutaten in ein hohes Gefäß geben und pürieren. Danach die Masse mit den Kräutern zu einer Paste verrühren. Mit Salz und Pfeffer abschmecken.
5. Die Paste mithilfe eines Trichters in die sterilen Gläser füllen. Vor dem Schließen das Glas einige Male auf die Arbeitsplatte klopfen, damit eventuelle Hohlräume geschlossen werden.

Achtung! Auf das Klopfen sollten Sie nicht verzichten, weil eingeschlossene Luftblasen in der Masse den Verderb beschleunigen können. Auch sollten Sie darauf achten, dass vor dem Verschließen der Gläser die Ränder sauber sind. Nach dem Öffnen im Kühlschrank aufbewahren und schnell verzehren.

Tipp: Die Zucchini-Paprika-Paste schmeckt gut auf Baguette, zu Käse, mit Frischkäse vermischt oder als Dip.

KETCHUP UND SOSSEN

Als Ketchup wird eine Würzsoße bezeichnet, die aus Tomaten oder Tomatenmark, Zucker, Essig, Salz und Gewürzen besteht. Die in verschiedenen Variationen und Geschmacksrichtungen angebotene Würzsoße findet oft Anwendung im Fast-Food-Bereich. In letzter Zeit ist sie aber auch immer häufiger in der Alltagsküche vertreten. Selbstgemacht sind die Soßen eine gesündere Alternative zu Produkten aus dem Supermarkt.

KÜRBIS-KETCHUP

ZUTATEN FÜR 3 FLASCHEN À 500 ML

- 500 g Kürbis
- 500 g Strauchtomaten
- 2 Zwiebeln
- 2 EL Zucker
- 1 TL Salz
- ½ TL gemahlener Piment
- Chiliflocken und Ingwer nach Geschmack
- Pfeffer aus der Mühle
- 6–8 EL Sherryessig
- ¼ l Wasser

1. Die geöffneten Flaschen mit den dazugehörigen Deckeln in den Backofen stellen und für 60 Minuten bei 100 °C sterilisieren.
2. Zuerst den Kürbis halbieren, dann schälen. Als Nächstes das Kürbisfleisch in kleine Würfel schneiden. Jetzt die Tomaten überbrühen, häuten und halbieren. Anschließend die Stielansätze entfernen.
3. Tomaten und Kürbiswürfel zusammen in einen hohen Topf geben. Danach die Zwiebeln häuten und klein würfen. Zucker und Salz in den Topf geben. Anschließend Gewürze, Essig und Wasser unterrühren.
4. Mit aufgelegtem Deckel alles 1 Stunde sanft köcheln lassen. Als Nächstes das Gemüse mit dem Mixstab pürieren, durch ein Sieb passieren und pikant abschmecken. Danach die Masse erneut aufkochen lassen.
5. Mithilfe eines Trichters das Kürbis-Ketchup in die sterilen Flaschen füllen. Vor dem Schließen die Flaschen einige Male auf die Arbeitsplatte klopfen, damit eventuelle Hohlräume geschlossen werden. Die Flaschen nun im Dampfgarer oder im Backofen 45 Minuten bei 90 °C im Wasserbad pasteurisieren.

Achtung! Auf das Klopfen sollten Sie nicht verzichten, weil eingeschlossene Luftblasen in der Masse den Verderb beschleunigen können. Auch sollten Sie darauf achten, dass vor dem Verschließen der Flaschen die Ränder sauber sind. Im Dampfgarer oder Backofen auskühlen lassen. Nach dem Öffnen im Kühlschrank aufbewahren und schnell verzehren.

Tipp: Das Kürbis-Ketchup schmeckt am besten zu Nudeln, herzhaften Eierspeisen, Kartoffelpuffern, Ofenkartoffeln oder Käse. Es passt auch gut zu gegrilltem Käse und vegetarischen oder veganen Bratlingen.

LETSCHO NACH DDR-ART

ZUTATEN FÜR 3 GLÄSER À 750 ML

- 1 Knolle Fenchel
- 1,4 kg rote, gelbe, grüne oder orange Paprikaschoten
- 600 g Tomaten (oder 3– 4 Dosen)
- edelsüßes Paprikapulver
- Salz, Pfeffer
- Chiliflocken
- Zitronensaft
- Zucker

1. Die geöffneten Einmachgläser mit den dazugehörigen Deckeln in den Backofen stellen und für 60 Minuten bei 100 °C sterilisieren.
2. Zuerst den Fenchel in Scheiben schneiden, dann blanchieren. Als Nächstes die Paprikaschoten waschen, entkernen und in längliche Streifen schneiden.
3. Anschließend die Tomaten mit heißem Wasser überbrühen und häuten, dann achteln. Das Gemüse in einen Topf geben. Das Paprikapulver unterrühren und zusammen blond (glasig) anschwitzen. Anschließend die Tomaten hinzufügen und die Masse zunächst ohne Deckel bei starker Hitze kochen lassen.
4. Wenn ein Teil des Saftes verkocht ist, Deckel aufsetzen. Bei mäßiger Hitze ca. 10 Minuten weiterdünsten. Anschließend mit Salz, Pfeffer, Chiliflocken, Zitronensaft und Zucker abschmecken.
5. Das Letscho mithilfe eines Trichters in die sterilen Gläser füllen. Vor dem Schließen das Glas einige Male auf die Arbeitsplatte klopfen, damit eventuelle Hohlräume geschlossen werden. Zum Schluss die Gläser im Dampfgarer oder im Backofen 45 Minuten bei 90 °C im Wasserbad pasteurisieren.

Achtung! Verzichten Sie nicht auf das Klopfen, weil eingeschlossene Luftblasen in der Masse den Verderb beschleunigen können. Achten Sie darauf, dass vor dem Verschließen der Gläser die Ränder sauber sind. Im Dampfgarer oder Backofen auskühlen lassen. Nach dem Öffnen im Kühlschrank aufbewahren und schnell verzehren.

Tipp: Am besten schmeckt Letscho als Beilage zu Nudeln, Reis, Kartoffeln und Grillgerichten.

TOMATEN-KETCHUP

ZUTATEN FÜR 2 FLASCHEN À 750 ML

- 1 kg Tomaten
- 2 Gemüsefenchel
- 3 Zwiebeln
- 2 rote Paprikaschoten
- etwas Öl zum Anbraten
- 2 EL Rotwein
- Chiliflocken nach Geschmack
- 2 EL Basilikumessig (siehe Seite 42)
- 6 EL Sojasoße
- 2 EL Zucker
- Salz, Pfeffer aus der Mühle

1. Die geöffneten Flaschen mit den dazugehörigen Deckeln in den Backofen stellen und für 60 Minuten bei 100 °C sterilisieren.
2. Zuerst die Tomaten überbrühen, häuten und halbieren. Als Nächstes die Stielansätze entfernen.
3. Anschließend Fenchel, Zwiebeln und Paprika in kleine Würfel schneiden und in einen Topf geben. Mit etwas Öl anschwitzen.
4. In der Zwischenzeit die Tomaten mit dem Mixerstab pürieren. Danach zum restlichen Gemüse in den Topf geben. Jetzt Wein, Gewürze, Essig, Sojasoße, Zucker und bei Bedarf ¼ l Wasser zufügen. Mit aufgelegtem Deckel alles 1 Stunde sanft köcheln lassen. Als Nächstes das Gemüse durch ein Sieb passieren. Mit Salz und Pfeffer abschmecken. Anschließend erneut aufkochen.
5. Das Tomaten-Ketchup mithilfe eines Trichters in die sterilen Flaschen füllen. Vor dem Verschließen die Flaschen einige Male auf die Arbeitsplatte klopfen, damit eventuelle Hohlräume geschlossen werden. Die Flaschen nun im Dampfgarer oder im Backofen 45 Minuten bei 90 °C im Wasserbad pasteurisieren.

Achtung! Auf das Klopfen sollten Sie nicht verzichten, weil eingeschlossene Luftblasen in der Masse den Verderb beschleunigen können. Auch sollten Sie darauf achten, dass vor dem Verschließen der Flaschen die Ränder und Gummis sauber sind.
Im Dampfgarer oder Backofen auskühlen lassen. Nach dem Öffnen im Kühlschrank aufbewahren und schnell verzehren.

Tipp: Das Tomaten-Ketchup schmeckt am besten zu Nudeln, herzhaften Eierspeisen, Kartoffelpuffern, Ofenkartoffeln oder Käse. Es eignet sich auch gut zu gegrilltem Käse und vegetarisch/vegane Bratlinge.

ZUCCHINI-KETCHUP

ZUTATEN FÜR 3 FLASCHEN À 500 ML

- 500 g Zucchini
- 500 g Strauchtomaten
- 2 Zwiebeln
- 2 EL Zucker
- Salz
- ½ TL gemahlener Piment
- Chiliflocken und Ingwer nach Geschmack
- Pfeffer aus der Mühle
- 6–8 EL Sherryessig
- ¼ l Wasser

1. Die geöffneten Flaschen mit den dazugehörigen Deckeln in den Backofen stellen und für 60 Minuten bei 100 °C sterilisieren.
2. Zuerst die Zucchini halbieren, dann in kleine Würfel schneiden. Als Nächstes die Tomaten überbrühen, häuten und halbieren. Anschließend die Stielansätze entfernen. Tomaten und Zucchiniwürfel zusammen in einen hohen Topf geben.
3. Danach die Zwiebeln häuten und klein würfeln. Zucker sowie 1 TL Salz ebenfalls in den Topf geben. Anschließend Gewürze, Essig und Wasser unterrühren.
4. Mit aufgelegtem Deckel alles 1 Stunde sanft köcheln lassen. Als Nächstes das Gemüse mit dem Mixstab pürieren, durch ein Sieb passieren und pikant abschmecken. Danach die Masse erneut aufkochen lassen.
5. Mithilfe eines Trichters das Zucchini-Ketchup in die sterilen Flaschen füllen. Vor dem Schließen die Flaschen einige Male auf die Arbeitsplatte klopfen, damit eventuelle Hohlräume geschlossen werden. Die Flaschen nun im Dampfgarer oder im Backofen 45 Minuten bei 90 °C im Wasserbad pasteurisieren.

Tipp: Das Zucchini-Ketchup schmeckt am besten zu Nudeln, herzhaften Eierspeisen, Kartoffelpuffern, Ofenkartoffeln oder Käse.
Es eignet sich auch gut zu gegrilltem Käse und vegetarischen oder veganen Bratlingen.

Achtung! Auf das Klopfen sollten Sie nicht verzichten, weil eingeschlossene Luftblasen in der Masse den Verderb beschleunigen können.
Auch sollten Sie darauf achten, dass vor dem Verschließen der Flaschen die Ränder sauber sind.
Im Dampfgarer oder Backofen auskühlen lassen.
Nach dem Öffnen im Kühlschrank aufbewahren und schnell verzehren.

CHUTNEY

Als Chutney wird eine Soße aus der indischen Küche bezeichnet. Die Basiszutaten bestehen meist aus eingekochtem Obst, Gemüse oder beidem. Der Geschmack variiert mitunter zwischen würzig, teils süßsauer oder auch scharf-pikant. Ihre Beschaffenheit reicht von pastös über cremig bis flüssig.

APRIKOSEN-CHUTNEY

ZUTATEN FÜR
3–4 GLÄSER À 250 ML

250 g Aprikosen
1 Packung Gelierzucker 3:1
250 g Tomaten
200 g Möhren
200 ml Weißweinessig
1 TL milde Currywürzpaste (siehe Seite 108)
Pfeffer und Salz aus der Mühle

1. Die geöffneten Einmachgläser mit den dazugehörigen Deckeln in den Backofen stellen und für 60 Minuten bei 100 °C sterilisieren.
2. Zuerst die Aprikosen waschen, dann halbieren und entsteinen. Zusammen mit dem Gelierzucker in eine Schüssel geben. Über Nacht Saft ziehen lassen.
3. Den Aprikosensaft in einen Messbecher gießen. Mit 75 ml Wasser auffüllen. Anschließend die Tomaten heiß abbrühen, enthäuten und von den Kernen sowie den Stielansätzen befreien. Tomaten und Aprikosen in ein hohes Gefäß geben und pürieren.
4. Nun die Möhren putzen und fein raspeln. Alles in einen Topf geben. Essig und Gewürze hinzufügen und erhitzen. Das Gemisch 30 Minuten kochen. In der Zwischenzeit öfter umrühren, damit nichts anbrennt. Mit Salz und Pfeffer abschmecken.
5. Zum Schluss das Chutney mithilfe eines Trichters in die sterilen Gläser füllen. Gläser fest verschließen.

Achtung! Die Gläser einige Male auf die Arbeitsplatte klopfen, damit eventuelle Hohlräume geschlossen werden.
Die Ränder der Gläser müssen vor dem Verschließen sauber sein.
Unter einem Tuch auskühlen lassen.
Immer dunkel und kühl lagern.

FEURIGES APFEL-CHUTNEY

ZUTATEN FÜR 6–8 GLÄSER À 250 ML

- 1 kg säuerliche Äpfel
- 2 rote Paprikaschoten
- 1 großen Gemüsefenchel
- 2 EL Rapsöl
- 300 g Zucker
- ¼ l Weintraubenessig (siehe Seite 52)
- 2 Lorbeerblätter
- 1 TL Thymian
- 1 TL Ingwer, frisch gerieben
- ½ TL Senfsaat
- 1 Msp. Chilipulver
- je 1 TL Pfefferkörner und Salz aus der Mühle

1. Die geöffneten Einmachgläser mit den dazugehörigen Deckeln in den Backofen stellen und für 60 Minuten bei 100 °C sterilisieren.
2. Zuerst die Äpfel schälen, dann das Kerngehäuse entfernen und in kleine Würfel schneiden. Als Nächstes die Paprikaschoten und den Fenchel putzen und ebenfalls in kleine Stücke schneiden. Den Fenchel mit etwas Öl in einer Pfanne anschwitzen und mit ⅓ der Zuckermenge karamellisieren. Anschließend mit dem Essig ablöschen.
3. Nun die Apfelstücke, Lorbeer, Ingwer und Senfsaat hinzugeben. Bei schwacher Hitze alles ½ Stunde köcheln lassen. Dabei sollte eine dickliche Konsistenz entstehen. Mit Chilipulver, Salz und Pfeffer abschmecken.
4. Zum Schluss das Chutney mithilfe eines Trichters in die sterilen Gläser füllen. Gläser fest verschließen.

Achtung! Die Gläser einige Male auf die Arbeitsplatte klopfen, damit eventuelle Hohlräume geschlossen werden.
Die Ränder der Gläser müssen vor dem Verschließen sauber sein.
Unter einem Tuch auskühlen lassen.
Immer dunkel und kühl lagern.

CHUTNEY MIT BLUTORANGEN

ZUTATEN FÜR 8–10 GLÄSER À 250 ML

- 1 l Weißweinessig
- 700 g Datteln
- 500 g unbehandelte Blutorangen
- 500 g Zucker
- 1 Gemüsefenchel
- 2 TL gemahlener Koriander
- 1 TL gemahlener Zimt
- ½ TL Chilipulver
- frischer Ingwer nach Geschmack
- Pfeffer und Salz aus der Mühle

1. Die geöffneten Einmachgläser mit den dazugehörigen Deckeln in den Backofen stellen und für 60 Minuten bei 100 °C sterilisieren.
2. Zuerst die Datteln halbieren und entkernen, dann klein schneiden. Als Nächstes die Blutorangen unter heißem Wasser abwaschen und trocken tupfen. Anschließend die Orangen inklusive Schale klein schneiden.
3. Datteln, Orangen und Fenchel mit den restlichen Zutaten in einen Topf geben. Einmal aufkochen, danach unter gelegentlichem Rühren 1 Stunde köcheln. Als Nächstes die Masse kurz durchpürieren. Mit Ingwer, Salz und Pfeffer abschmecken.
4. Zum Schluss das Chutney mithilfe eines Trichters in die sterilen Gläser füllen. Gläser fest verschließen.

Achtung! Die Gläser einige Male auf die Arbeitsplatte klopfen, damit eventuelle Hohlräume geschlossen werden.
Die Ränder der Gläser müssen vor dem Verschließen sauber sein.
Unter einem Tuch auskühlen lassen.
Immer dunkel und kühl lagern.

INGWER-CHUTNEY

ZUTATEN FÜR 6–8 GLÄSER À 250 ML

- 1 kg Pfirsich
- 2 säuerliche Äpfel
- 100 g frischer Ingwer
- 2 unbehandelte Orangen
- 1 Gemüsefenchel
- 150 g Zucker
- 100 g Datteln
- 100 g fein gehackte Mandeln
- 1 TL Currywürzpaste (siehe Seite 108)
- 1 TL gemahlener Piment
- 1 TL gemahlener Zimt

1. Die geöffneten Einmachgläser mit den dazugehörigen Deckeln in den Backofen stellen und für 60 Minuten bei 100 °C sterilisieren.
2. Zuerst die Pfirsiche unten kreuzweise einschneiden. Anschließend überbrühen, häuten, entkernen und in Würfel schneiden. Als Nächstes die Äpfel halbieren, schälen, Kerngehäuse entfernen. Danach ebenfalls klein schneiden.
3. Vom Ingwer die Schale entfernen, dann raspeln. Die Orangen unter heißem Wasser abwaschen und trocken reiben. Mit dem Zestenreißer die Schale in feine Streifen ziehen. Anschließend die Orangen auspressen. Danach Fenchel und Datteln putzen und grob klein schneiden.
4. Alle Zutaten in einen großen Topf geben und bei schwacher Hitze 1½ Stunden köcheln.
5. Zum Schluss das Chutney abschmecken und mithilfe eines Trichters in die sterilen Gläser füllen. Gläser fest verschließen.

Achtung! Die Gläser einige Male auf die Arbeitsplatte klopfen, damit eventuelle Hohlräume geschlossen werden.
Die Ränder der Gläser müssen vor dem Verschließen sauber sein.
Unter einem Tuch auskühlen lassen.
Immer dunkel und kühl lagern.

MÖHREN-PETERSILIENWURZEL-CHUTNEY

ZUTATEN FÜR 8–10 GLÄSER À 250 ML

750 g Möhren
500 g Petersilienwurzel
150 g Datteln
750 ml Apfelessig
½ EL Salz aus der Mühle
500 g Zucker
½ EL Pfeffer aus der Mühle
5 Kardamomkapseln

1. Die geöffneten Einmachgläser mit den dazugehörigen Deckeln in den Backofen stellen und für 60 Minuten bei 100 °C sterilisieren.
2. Zuerst die Möhren und Petersilienwurzeln schälen, dann grob raspeln. Als Nächstes die Datteln halbieren und entkernen, danach klein schneiden.
3. Nun Möhren, Petersilienwurzeln und Datteln mit Essig, Salz und Zucker in einem Topf geben und aufkochen. Anschließend mit Pfeffer, Salz und Kardamom würzen. Das Ganze unter gelegentlichem Rühren 2 Stunden köcheln lassen.
4. Zum Schluss das Chutney mithilfe eines Trichters in die sterilen Gläser füllen. Gläser fest verschließen.

Achtung! Die Gläser einige Male auf die Arbeitsplatte klopfen, damit eventuelle Hohlräume geschlossen werden.
Die Ränder der Gläser müssen vor dem Verschließen sauber sein.
Unter einem Tuch auskühlen lassen.
Immer dunkel und kühl lagern.

ROTE-BETE-CHUTNEY

ZUTATEN FÜR 6–8 GLÄSER À 250 ML

- 800 g Rote Bete
- 1 Apfel
- 2 kleine Gemüsefenchel
- 2 EL Rapsöl
- 100 g Zucker
- 100 ml Rotwein
- 100 ml Himbeeressig (siehe Seite 48)
- Salz und Pfeffer aus der Mühle
- je 1 Msp. Gewürznelken und Zimt

1. Die geöffneten Einmachgläser mit den dazugehörigen Deckeln in den Backofen stellen und für 60 Minuten bei 100 °C sterilisieren.
2. Zuerst die Rote Bete schälen, danach raspeln. Als Nächstes den Apfel schälen und vom Kerngehäuse befreien. Anschließend mit dem Fenchel in feine Würfel schneiden. Beides nun mit dem Öl in eine Pfanne geben und glasig anschwitzen. Zucker dazugeben und karamellisieren lassen. Anschließend mit Wein und Essig ablöschen.
3. Danach Rote Bete sowie etwas Wasser dazugeben. Mit Salz, Pfeffer, Gewürznelken und Zimt würzen. Nun die Masse unter gelegentlichem Rühren 45 Minuten einkochen. Dabei sollte eine dickliche Konsistenz entstehen.
4. Zum Schluss das Chutney abschmecken und mithilfe eines Trichters in die sterilen Gläser füllen. Gläser fest verschließen.

Achtung! Die Gläser einige Male auf die Arbeitsplatte klopfen, damit eventuelle Hohlräume geschlossen werden.
Die Ränder der Gläser müssen vor dem Verschließen sauber sein.
Unter einem Tuch auskühlen lassen.
Immer dunkel und kühl lagern.

MARMELADE, KONFITÜRE, MUS UND GELEE

Vereinfacht ausgedrückt wird Gelee aus Fruchtsaft hergestellt, Konfitüre, Marmelade und Mus aus Früchten. Aber ganz so einfach ist es nicht. Marmelade, Konfitüre, Mus und Gelee bestehen zwar aus denselben Zutaten, unterscheiden sich jedoch in der Zusammensetzung von Früchten, Zucker und mehr.
Die ursprüngliche Bedeutung von Mus ist »eingekochter Brei«. Von Konfitüre wird gesprochen, wenn der Fruchtanteil 35 % beträgt. Marmeladen müssen mindestens 20 % Fruchtfleischanteil haben.

ERDBEERKONFITÜRE MIT FRISCHER MINZE

ZUTATEN FÜR 7–8 GLÄSER À 250 ML

- 1 kg frische Erdbeeren
- 3 TL frische Minze
- 1 Packung Gelierzucker 3:1

1. Die geöffneten Einmachgläser mit den dazugehörigen Deckeln in den Backofen stellen und für 60 Minuten bei 100 °C sterilisieren.
2. Zuerst die Erdbeeren abspülen, dann Blätter und Stiele entfernen und halbieren. Nun die Minze abspülen, trocken tupfen und klein hacken. Anschließend zusammen mit den Erdbeeren und dem Gelierzucker in einen Topf geben. Alles bei starker Hitze aufkochen lassen. Die Masse unter ständigem Rühren 4 Minuten köcheln. Dann die Konfitüre mit einem Stabmixer pürieren.
3. Zum Schluss die Konfitüre mithilfe eines Trichters in die sterilen Gläser füllen. Gläser fest verschließen.

Achtung! Die Gläser einige Male auf die Arbeitsplatte klopfen, damit eventuelle Hohlräume geschlossen werden.
Die Ränder der Gläser müssen vor dem Verschließen sauber sein.
Unter einem Tuch auskühlen lassen.

Tipp: Die Erdbeerkonfitüre mit frischer Minze schmeckt gut zum Frühstück (auf Brot, Toast oder Brötchen).
Sie eignet sich aber auch zum Verfeinern von Joghurt und Quark oder als Füllung von Torten, Kuchen, Keksen und süßen Blätterteigteilchen sowie als Belag auf Waffeln.

PFLAUMENMUS

ZUTATEN FÜR 8–10 GLÄSER À 250 ML

- 2 kg reife Pflaumen
- 6–7 TL hochprozentiger Zwetschgengeist
- 1 Packung Gelierzucker 3:1
- ½ TL Vanillepulver
- ½ TL Zimtpulver
- 1 Msp. gemahlener Piment

1. Die geöffneten Einmachgläser mit den dazugehörigen Deckeln in den Backofen stellen und für 60 Minuten bei 100 °C sterilisieren.
2. Zuerst die Pflaumen waschen, dann halbieren und entsteinen. Als Nächstes die Früchte mit dem Rest der Zutaten in einen Topf geben. Nun alles einmal aufkochen lassen. Anschließend bei mittlerer Hitze unter ständigem Rühren 30 Minuten köcheln. Dann die Pflaumen mit einem Stabmixer pürieren.
3. Zum Schluss das Mus mithilfe eines Trichters in die sterilen Gläser füllen. Gläser fest verschließen.

Achtung! Die Gläser einige Male auf die Arbeitsplatte klopfen, damit eventuelle Hohlräume geschlossen werden.
Die Ränder der Gläser müssen vor dem Verschließen sauber sein.
Unter einem Tuch auskühlen lassen.

Tipp: Das Pflaumenmus schmeckt gut zum Frühstück (auf Brot, Toast oder Brötchen).
Es eignet sich aber auch zum Verfeinern von Joghurt und Quark oder als Füllung von Torten, Kuchen, Keksen und süßen Blätterteigteilchen sowie als Belag auf Waffeln.

MARILLENKONFITÜRE

ZUTATEN FÜR 7–8 GLÄSER À 250 ML

1 kg Marillen (Aprikosen)
1 Packung Gelierzucker 3:1
1 TL Zitronensäure

1. Die geöffneten Einmachgläser mit den dazugehörigen Deckeln in den Backofen stellen und für 60 Minuten bei 100 °C sterilisieren.
2. Zuerst die Marillen abspülen, dann entkernen. Als Nächstes die Früchte halbieren und klein schneiden.
3. Anschließend zusammen mit dem Gelierzucker und der Zitronensäure in einen Topf geben. Alles bei starker Hitze aufkochen lassen. Die Masse unter ständigem Rühren 4 Minuten köcheln. Dann die Konfitüre mit einem Stabmixer pürieren.
4. Zum Schluss die Konfitüre mithilfe eines Trichters in die sterilen Gläser füllen. Gläser fest verschließen.

Achtung! Die Gläser einige Male auf die Arbeitsplatte klopfen, damit eventuelle Hohlräume geschlossen werden.
Die Ränder der Gläser müssen vor dem Verschließen sauber sein.
Unter einem Tuch auskühlen lassen.

Tipp: Die Marillenkonfitüre schmeckt gut zum Frühstück (auf Brot, Toast oder Brötchen). Sie eignet sich aber auch zum Verfeinern von Joghurt und Quark oder als Füllung von Torten, Kuchen, Keksen und süßen Blätterteigteilchen sowie als Belag auf Waffeln.

ORANGEN-SHARONFRUCHT-MARMELADE

ZUTATEN FÜR 8–10 GLÄSER À 250 ML

900 g unbehandelte Orangen
800 g Sharonfrüchte
2 cl Rum (54 % vol.)
Saft von 1 Limette
1 Packung Gelierzucker 3:1

1. Die geöffneten Einmachgläser mit den dazugehörigen Deckeln in den Backofen stellen und für 60 Minuten bei 100 °C sterilisieren.
2. Zuerst die Orangen und die Sharonfrüchte schälen. Als Nächstes die Früchte halbieren und klein schneiden. Nun 1 kg Fruchtfleisch abwiegen und mit den restlichen Zutaten in einen Topf geben. Alles bei starker Hitze aufkochen lassen. Die Masse unter ständigem Rühren 4 Minuten köcheln.
3. Zum Schluss die Marmelade mithilfe eines Trichters in die sterilen Gläser füllen. Gläser fest verschließen.

Achtung! Die Gläser einige Male auf die Arbeitsplatte klopfen, damit eventuelle Hohlräume geschlossen werden.
Die Ränder der Gläser müssen vor dem Verschließen sauber sein.
Unter einem Tuch auskühlen lassen.

Tipp: Die Orangen-Sharonfrucht-Marmelade schmeckt gut zum Frühstück (auf Brot, Toast oder Brötchen).
Sie eignet sich aber auch zum Verfeinern von Joghurt und Quark oder als Füllung von Torten, Kuchen, Keksen und süßen Blätterteigteilchen sowie als Belag auf Waffeln.

STACHELBEER-HOLUNDERBLÜTEN-KONFITÜRE

ZUTATEN FÜR 7–8 GLÄSER À 250 ML

1 kg Stachelbeeren
150 ml Holunderblütensirup
1 Packung Gelierzucker 3:1

1. Die geöffneten Einmachgläser mit den dazugehörigen Deckeln in den Backofen stellen und für 60 Minuten bei 100 °C sterilisieren.
2. Zuerst die Stachelbeeren waschen, dann putzen. Als Nächstes mit dem Holunderblütensirup und dem Gelierzucker in einen Topf geben. Alles bei starker Hitze aufkochen lassen. Die Masse unter ständigem Rühren 4 Minuten köcheln. Dann die Früchte mit einem Stabmixer pürieren.
3. Zum Schluss die Konfitüre mithilfe eines Trichters in die sterilen Gläser füllen. Gläser fest verschließen.

Achtung! Die Gläser einige Male auf die Arbeitsplatte klopfen, damit eventuelle Hohlräume geschlossen werden.
Die Ränder der Gläser müssen vor dem Verschließen sauber sein.
Unter einem Tuch auskühlen lassen.

Tipp: Die Stachelbeer-Holunderblüten-Konfitüre schmeckt gut zum Frühstück (auf Brot, Toast oder Brötchen).
Sie eignet sich aber auch zum Verfeinern von Joghurt und Quark oder als Füllung von Torten, Kuchen, Keksen und süßen Blätterteigteilchen sowie als Belag auf Waffeln.

ORANGENGELEE MIT ZITRONENTHYMIAN

ZUTATEN FÜR 7–8 GLÄSER À 250 ML

- 1 ½ kg unbehandelte Orangen
- 1 kleiner Strauß Zitronenthymian
- 2 gestrichene TL Vanillepulver
- Zesten von 1 unbehandelten Orange
- 1 Packung Gelierzucker 3:1

1. Die geöffneten Einmachgläser mit den dazugehörigen Deckeln in den Backofen stellen und für 60 Minuten bei 100 °C sterilisieren.
2. Zuerst die Orangen heiß abwaschen, dann trocken tupfen. Als Nächstes die Schale mit einem Zestenreißer entfernen. Orangen halbieren und auspressen. Den Saft in einen Topf geben. Die Flüssigkeit mit Wasser auf 1200 ml auffüllen.
3. Anschließend den Zitronenthymian abspülen und die Blätter von den Stielen befreien. Das Kraut klein hacken und mit dem Rest der Zutaten in einen Topf geben. Alles bei starker Hitze aufkochen lassen. Die Masse unter ständigem Rühren 4 Minuten köcheln.
4. Zum Schluss die Konfitüre mithilfe eines Trichters in die sterilen Gläser füllen. Gläser fest verschließen.

Achtung! Die Gläser einige Male auf die Arbeitsplatte klopfen, damit eventuelle Hohlräume geschlossen werden.
Die Ränder der Gläser müssen vor dem Verschließen sauber sein.
Unter einem Tuch auskühlen lassen.

Tipp: Das Orangengelee mit Zitronenthymian schmeckt gut zum Frühstück (auf Brot, Toast oder Brötchen).
Es eignet sich aber auch zum Verfeinern von Joghurt und Quark oder als Füllung von Torten, Kuchen, Keksen und süßen Blätterteigteilchen sowie als Belag auf Waffeln.

JOHANNISBEER-KIRSCH-GELEE

ZUTATEN FÜR 8–10 GLÄSER À 250 ML

1 ½ kg rote Johannisbeeren
½ Bund Zitronenmelisse
500 ml Wasser
500 ml Kirschen
1 Packung Gelierzucker 3:1
1 TL Vanillepulver

1. Die geöffneten Einmachgläser mit den dazugehörigen Deckeln in den Backofen stellen und für 60 Minuten bei 100 °C sterilisieren.
2. Zuerst die Johannisbeeren abspülen, dann von den Stielen zupfen. Mit der Zitronenmelisse in einen Topf gegeben. Wasser hinzufügen und 30 Minuten köcheln lassen.

In der Zwischenzeit die Kirschen waschen, halbieren und entkernen. Anschließend die Johannisbeeren in ein Sieb geben, das mit einem Tuch ausgelegt ist. Die Flüssigkeit, die unten herausläuft, in einem Behälter auffangen. Den abgetropften Saft abmessen und gegebenenfalls mit Wasser auf 1 l auffüllen. Kirschen, Gelierzucker und Vanillepulver hinzufügen.

3. Alles bei starker Hitze aufkochen lassen. Die Masse unter ständigem Rühren 4 Minuten köcheln.
4. Zum Schluss die Konfitüre mithilfe eines Trichters in die sterilen Gläser füllen. Gläser fest verschließen.

Achtung! Die Gläser einige Male auf die Arbeitsplatte klopfen, damit eventuelle Hohlräume geschlossen werden.
Die Ränder der Gläser müssen vor dem Verschließen sauber sein.
Unter einem Tuch auskühlen lassen.

Tipp: Das Johannisbeer-Kirsch-Gelee schmeckt gut zum Frühstück (auf Brot oder Toast).
Es eignet sich aber auch zum Verfeinern von Joghurt und Quark oder als Füllung von Torten, Kuchen, Keksen und süßen Gebäck sowie als Belag auf Waffeln.

ZITRONENMARMELADE

ZUTATEN FÜR 7–8 GLÄSER À 250 ML

2 kg unbehandelte Zitronen
2 cl Wodka
1 Packung Gelierzucker 1:1

1. Die geöffneten Einmachgläser mit den dazugehörigen Deckeln in den Backofen stellen und für 60 Minuten bei 100 °C sterilisieren.
2. Zuerst die Zitronen heiß abwaschen, dann abtrocknen. Als Nächstes die Schale mit einem Zestenreißer entfernen. Die Zitronen halbieren und auspressen. Den Saft abmessen und gegebenenfalls mit Wasser auf 1 l auffüllen.
3. Mit den restlichen Zutaten in einen Topf geben. Alles bei starker Hitze aufkochen lassen. Die Masse unter ständigem Rühren 4 Minuten köcheln.
4. Zum Schluss die Marmelade mithilfe eines Trichters in die sterilen Gläser füllen. Gläser fest verschließen.

Achtung! Die Gläser einige Male auf die Arbeitsplatte klopfen, damit eventuelle Hohlräume geschlossen werden.
Die Ränder der Gläser müssen vor dem Verschließen sauber sein.
Unter einem Tuch auskühlen lassen.

Tipp: Die Zitronenmarmelade schmeckt gut zum Frühstück (auf Brot, Toast oder Brötchen).
Sie eignet sich aber auch zum Verfeinern von Joghurt und Quark oder als Füllung von Torten, Kuchen, Keksen und süßen Blätterteigteilchen sowie als Belag auf Waffeln.

TRAUBENGELEE

ZUTATEN FÜR 8–10 GLÄSER À 250 ML

1 ½ kg Weintrauben
600 ml Wasser
Saft von 2 unbehandelten Limetten
1 Packung Gelierzucker 2:1
50 ml Weintraubenessig (siehe Seite 52)

1. Die geöffneten Einmachgläser mit den dazugehörigen Deckeln in den Backofen stellen und für 60 Minuten bei 100 °C sterilisieren.
2. Zuerst die Weintrauben waschen, halbieren und 30 Minuten im Wasser kochen. Anschließend die Früchte in ein Sieb geben, das mit einem Tuch ausgelegt ist. Die Flüssigkeit, die unten herausläuft, in einem Behälter auffangen.
3. Den abgetropften Saft abmessen und gegebenenfalls mit Wasser auf 1 l auffüllen. Nun Limettensaft, Gelierzucker und Weitraubenessig hinzufügen. Alles bei starker Hitze aufkochen lassen. Die Masse unter ständigem Rühren 4 Minuten köcheln.
4. Zum Schluss das Gelee mithilfe eines Trichters in die sterilen Gläser füllen. Gläser fest verschließen.

Achtung! Die Gläser einige Male auf die Arbeitsplatte klopfen, damit eventuelle Hohlräume geschlossen werden. Die Ränder der Gläser müssen vor dem Verschließen sauber sein. Unter einem Tuch auskühlen lassen.

Tipp: Das Traubengelee schmeckt gut zum Frühstück (auf Brot, Toast oder Brötchen). Es eignet sich aber auch zum Verfeinern von Joghurt und Quark oder als Füllung von Torten, Kuchen, Keksen und süßen Blätterteigteilchen sowie als Belag auf Waffeln.

ÜBER DIE AUTORIN

Die Autorin Katy Buchholz, die sich selbst gern als »Kräuterhexe« bezeichnet, hat eine Leidenschaft für das Haltbarmachen von Lebensmitteln und kennt sich dank jahrelanger Erfahrung sehr gut beim Einkochen und Einlegen von Gemüse, Obst und Kräutern aus. Sie entwickelt auch eigene Rezepte, die sie nun mit der Welt teilen möchte. Neben Rezepten schreibt sie aber auch spannende Thriller. 2020 erschien der erste Thriller. Dass sie ihrem Buch einen regionalen Bezug gab, basiert auf der Erkenntnis: Auch ein Städtchen mit achtzigtausend Seelen wie Delmenhorst hat wunderschöne Ecken!

BILDNACHWEIS

Shutterstock.com: S. 4: Karpenkov Denis, Lyudmila Mikhailovskaya, Stepanek Photography, Esin Deniz, Chatham172, Elena Hramova, Marian Weyo, Chatham172, gkrphoto; S. 5: Oksana Mizina, Pikoso.kz, kochabamba; S. 6: Chatham172, kochabamba, MagdaZarebska; S. 7: Shaiith, GreenArt, smirart; S. 8: pamuk, Daria Saveleva, EvgGv; S. 9: nadianb, Sea Wave, elizaveta66; S. 11: Svetlana Lukienko; S. 13: Pedal to the Stock, Oksana Mizina, Lyudmila Mikhailovskaya; S. 15: Pedal to the Stock; S. 18: PradaBrown; S. 21: DiAnna Paulk; S. 23: Christian Jung; S. 24: Oksana Mizina; S. 27: Lyudmila Mikhailovskaya; S. 28: Oksana Mizina; S. 29: : Chatham172, kochabamba, Esin Deniz; S. 30: Pronina Marina; S. 32: zebratomato; S. 35: Fabio Balbi; S. 37: Pikoso.kz; S: 45: Chatham172; S. 49: kochabamba; S: 51: Christian Jung; S. 52: Esin Deniz; S. 53: Shaiith, Stepanek Photography, HandmadePictures; S. 56: MagdaZarebska; S. 59: KashtykiNata; S. 61: Shaiith; S. 63: Stepanek Photography; S. 65: gkrphoto; S. 67: HandmadePictures; S. 71: Happy Foods Tube; S. 73: Jiri Hera; S. 75: Elena Hramova; S. 77: HandmadePictures; S. 79: Anna Puzatykh; S. 81: Andrew Chisholm; S. 83: Karl Allgaeuer; S. 85: Elena Shashkina; S. 86: Firma V; S. 87: Shaiith, Chatham172, GreenArt; S. 89: Shaiith; S. 90: Alex Desanshe; S. 91: Bogdan Wankowicz; S. 93: Almazova Dasha; S. 95: GreenArt; S. 97: Chatham172; S. 98: STEPAN KAMENEV2017; S. 99: GreedyGourmet, MariaKovaleva, Simone Andress; S. 101: Melica; S. 105: smirart; 107: Simone Andress; S. 109: GreedyGourmet; S. 110: pamuk; S. 113: MariaKovaleva; S. 115: Joanna Grabowska-Kowalska, Daria Saveleva, Elena Hramova; S. 117: Joanna Grabowska-Kowalska; S. 119: Elena Hramova; S. 121: Daria Saveleva; S. 123: EvgGv, 8H, Rosalie.S.Photo; S. 124: MariaKovaleva; S. 127: Nataliia Chubakova; S. 129: EvgGv; S. 131: 8H; S. 132: Rosalie.S.Photo; S. 133: Pixel-Shot, nadianb, Sea Wave; S. 135: nadianb; S. 137: Elenglush; S. 139: Sea Wave; S. 141: al1962; S. 143: elizaveta66; S. 145: baibaz; S. 147: Pixel-Shot; S. 149: Stepanek Photography; S. 151: MariaKovaleva.

S. 152: Kerstin Glacer, https://keias-lieblingsfotos.jimdosite.com/home/

ZUTATENREGISTER

Bibliografische Information der Deutschen Nationalbibliothek
Die Deutsche Nationalbibliothek verzeichnet diese Publikation in der Deutschen Nationalbibliografie. Detaillierte bibliografische Daten sind im Internet über http://d-nb.de abrufbar.

Für Fragen und Anregungen
info@rivaverlag.de

Wichtiger Hinweis
Ausschließlich zum Zweck der besseren Lesbarkeit wurde auf eine genderspezifische Schreibweise sowie eine Mehrfachbezeichnung verzichtet. Alle personenbezogenen Bezeichnungen sind somit geschlechtsneutral zu verstehen.

Originalausgabe
2. Auflage 2023

Türkenstraße 89
80799 München
Tel.: 089 651285-0
Fax: 089 652096

Redaktion: Ulrike Reinen
Umschlaggestaltung: Isabella Dorsch
Umschlagabbildung: Stephanie Just
Satz: inpunkt[w]o, Haiger (www.inpunktwo.de)
Druck: Florjancic Tisk d.o.o., Slowenien
Printed in the EU

ISBN Print 978-3-7423-2162-6
ISBN E-Book (PDF) 978-3-7453-1935-4
ISBN E-Book (EPUB, Mobi) 978-3-7453-1936-1

Wir produzieren nachhaltig
www.m-vg.de

Weitere Informationen zum Verlag finden Sie unter

www.rivaverlag.de

Beachten Sie auch unsere weiteren Verlage unter www.m-vg.de